Völkerrecht 2012

VÖLKERRECHT EUROPRECHT UND INTERNATIONALES WIRTSCHAFTSRECHT

Herausgegeben von Peter Hilpold und August Reinisch

Band 18

PL ACADEMIC RESEARCH

Christoph Vedder (Hrsg.)

Völkerrecht 2012

Richterliche Praxis und politische Realität

Beiträge zum 37. Österreichischen Völkerrechtstag 2012

Unter Mitarbeit von Manuel Indlekofer

PL ACADEMIC RESEARCH

Bibliografische Information der Deutschen Nationalbibliothek
Die Deutsche Nationalbibliothek verzeichnet diese Publikation in der Deutschen Nationalbibliografie; detaillierte bibliografische Daten sind im Internet über http://dnb.d-nb.de abrufbar.

Gedruckt auf alterungsbeständigem, säurefreiem Papier.

ISSN 1862-457
ISBN 978-3-631-64207-8 (Print)
E-ISBN 978-3-653-03478-3 (E-Book)
DOI 10.3726/978-3-653-03478-3

PL Academic Research ist ein Imprint der Peter Lang GmbH.

Peter Lang – Frankfurt am Main · Bern · Bruxelles · New York · Oxford · Warszawa · Wien

Dieses Buch erscheint in einer Herausgeberreihe bei PL Academic Research und wurde vor dem Erscheinen peer reviewed.

www.peterlang.com

Vorwort

Zum 37. Österreichischen Völkerrechtstag trafen sich rund 60 Völkerrechtler/innen vom 17. bis 19. Mai 2012 in Augsburg auf Einladung des Lehrstuhls für Öffentliches Recht, Völkerrecht und Europarecht sowie Sportrecht, Jean Monnet-Lehrstuhl für Europäisches Recht der Juristischen Fakultät der Universität Augsburg. Der hier vorgelegte Band versammelt die Vorträge und Berichte, die in schriftlicher Form vorgelegt wurden; dafür gebührt den Autoren Dank.

Der Völkerrechtstag 2012 war im Schwerpunkt der richterlichen Praxis und politischen Realität des Völkerrechts gewidmet: dem Wirken der beiden streitentscheidenden Institutionen im Haager Friedenspalast, dem IKRK und der Völkerrechtspraxis des Wiener Völkerrechtsbüros, erstmalig im Austausch mit den Völkerrechtsabteilungen des Eidgenössischen Departements für auswärtige Angelegenheiten und des Auswärtigen Amtes zu Themen wie dem Völkerstrafrecht, dem Interreligiösen Dialogzentrum, dem EU-Fiskalpakt und der EGMR-Reform sowie Immunitätsfragen. Das Liechtensteinische Amt für Auswärtige Angelegenheiten war leider verhindert. Abgerundet wurde das Themenspektrum durch Berichte zu aktuellen Themen aus der Völkerrechtswerkstatt der Fakultäten, ausgreifend bis zur Seoul National University School of Law. Der Charakter einiger der Beiträge zum Völkerrechtstag als Berichte unmittelbar aus dem Geschehen bringt es mit sich, dass nicht alle Beiträge zur Publikation vorliegen.

Auch dieser Völkerrechtstag zeichnete sich durch den regen Austausch von Wissenschaft und Praxis des Völkerrechts, zwischen etablierten und Nachwuchswissenschaftlern aus. Dazu entscheidend durch seine Vertreter, voran Botschafter Dr. Helmut Tichy, beigetragen zu haben, ist dem Bundesministerium für europäische und internationale Angelegenheiten, das als Mitveranstalter des Völkerrechtstages auch zu einem abendlichen Empfang eingeladen hat, zu danken.

Das Augsburger Center for Economic Law and Regulation hat die Organisation des Völkerrechtstages in Augsburg und die Publikation des Tagungsbandes durch eine großzügige Kostenübernahme möglich gemacht. Dazu haben auch der Leidener Kreis für internationale Staats- und Rechtswissenschaftliche Studien und die französisch-deutsche Kanzlei Endrös-Baum Associés wesentlich beigetragen. Die Bezirksregierung Schwaben hat den Völkerrechtstag durch die Überlassung des Rokoko-Saals als Tagungsort unterstützt, der Oberbürgermeister der Stadt hat die Teilnehmer zum Auftakt im Goldenen Saal des Rathauses, der als Sitz des Reichstages des Heiligen Römischen Reiches Deutscher Nation erbaut worden ist, empfangen. Der Dekan der Augsburger Fakultät, die den Ös-

Österreichischen Völkerrechtstag als ein besonderes Ereignis ideell unterstützt und gerne beherbergt hat, hat die Teilnehmer zu Beginn willkommen geheißen. Die Nomos-Verlagsgesellschaft hat Neuerscheinungen ausgestellt.

Mein besonderer Dank gilt den Mitarbeitern des Lehrstuhls für Öffentliches Recht, Völkerrecht und Europarecht, die mit Ausdauer und Ideen den Völkerrechtstag in Augsburg organisiert haben.

Augsburg, im Mai 2013 Prof. Dr. Christoph Vedder

Inhaltsverzeichnis

Autorenverzeichnis

Hans-Peter Folz

Prof. Dr. Hans-Peter Folz, Seoul National University School of Law

Manuel Indlekofer

Dr. Manuel Indlekofer, LL.M. (Chicago-Kent), wissenschaftlicher Assistent am Lehrstuhl für Öffentliches Recht, Völkerrecht und Europarecht sowie Sportrecht der Universität Augsburg

Matthias C. Kettemann

Dr. Matthias C. Kettemann, LL.M. (Harvard), Universitätsassistent am Institut für Völkerrecht und Internationale Beziehungen der Karl-Franzens-Universität Graz

Andreas Kumin

Gesandter Dr. Andreas Kumin, Bundesministerium für europäische und internationale Angelegenheiten, Völkerrechtsbüro, Leiter der Abteilung I.4 (Europarecht)

Gregor Schusterschitz

Gesandter MMag. Gregor Schusterschitz, Bundesministerium für europäische und internationale Angelegenheiten, Völkerrechtsbüro, Leiter der Abteilung I.2 (Allgemeines Völkerrecht)

Helmut Tichy

Botschafter Dr. Helmut Tichy, LL.M. (Cambridge), Bundesministerium für europäische und internationale Angelegenheiten, Leiter des Völkerrechtsbüros

Christoph Vedder

Prof. Dr. Christoph Vedder, Lehrstuhl für Öffentliches Recht, Völkerrecht und Europarecht sowie Sportrecht, Jean Monnet-Lehrstuhl für Europäisches Recht, Universität Augsburg

Valentin Zellweger

Botschafter Dr. Valentin Zellweger, Direktor für Völkerrecht des Eidgenössischen Departments für Auswärtige Angelegenheiten

Abkürzungsverzeichnis

a.	am
aaO	am angegebenen Ort
ABl.	Amtsblatt
Abs.	Absatz
ACTA	Anti-Counterfeiting Trade Agreement
AEUV	Vertrag über die Arbeitsweise der Europäischen Union
AFDI	Annuaire Français de Droit International
Art.	Artikel
AStV	Ausschuss der Ständigen Vertreter
Aufl	Auflage
AVR	Archiv des Völkerrechts
Bd.	Band
Bde.	Bände
BGBl.	Bundesgesetzblatt
BIP	Bruttoinlandsprodukt
BMeiA	Bundesministerium für europäische und internationale Angelegenheiten
BÜ	Beitrittsübereinkommen
B-VG	Bundes-Verfassungsgesetz
BYIL	British Yearbook of International Law
Bzw.	beziehungsweise
ca.	zirka
CDDH	Lenkungsausschuss des Europarates für Menschenrechte
CDDH-UE	Informelle Arbeitsgruppe des Lenkungsausschusses des Europarates für Menschenrechte
CLEER	Centre for the Law of EU External Relations
CTS	Consolidated Treaty Series
dh	das heißt
d.J.	der Jüngere
Dok	Dokument
Ebd.	ebenda
ECHR	European Court of Human Rights
ECJ	European Court of Justice
EFSF	Europäische Finanzstabilitätsfazilität
EFSM	Europäischer Finanzstabilitätsmechanismus
EG	Europäische Gemeinschaft
EGMR	Europäischer Gerichtshof für Menschenrechte
EJIL	European Journal of International Law
EMRK	Europäische Menschenrechtskonvention

EP	Europäisches Parlament
ESM	Europäischer Stabilitätsmechanismus
EU	Europäische Union
EuGH	Gerichtshof der Europäischen Union
EuR	Zeitschrift Europarecht
EUV	Vertrag über die Europäische Union
EWR	Europäischer Wirtschaftsraum
EZB	Europäische Zentralbank
f(f).	folgende(r)
Fn.	Fußnote
gem.	gemäß
grdsl.	grundsätzlich
Hrsg.	Herausgeber
IBSA	India, Brazil and South-Africa
ICANN	Internet Corporation for Assigned Names and Numbers
ICLQ	International and Comparative Law Quarterly
ICSID	International Centre for Settlement of Investment Disputes
idgF	in der geltenden Fassung
idS	in diesem Sinne
IETF	Internet Engineering Task Force
IFAP	Intergovernmental Council of the Information for All Programme
IGH	Internationaler Gerichtshof
IKRK	Internationales Komitee vom Roten Kreuz
ILC	International Law Commission
ILM	International Legal Materials
IPbpR	Internationaler Pakt über bürgerliche und politische Rechte
iSd	im Sinne des/der
ITLOS	International Tribunal for the Law of the Sea
iVm	In Verbindung mit
jusIT	Zeitschrift für IT-Recht, Rechtsinformation und Datenrecht
KOM	Europäische Kommission
lit.	Litera
LJIL	Leiden Journal of International Law
MSen	Mitgliedstaaten
nF	neue Fassung
NGO	Non-Governmental Organization
NILR	Netherlands International Law Review
No.	Number
Nr.	Nummer
OECD	Organisation for Economic Co-operation and Development
OSCE	Organization for Security and Co-operation in Europe

OSPAR	Convention for the Protection of the Marine Environment of the North-East Atlantic
PCA	Permanent Court of Arbitration
RBGL	Reichsgesetzblatt
Res	Resolution
RJD	Amtliche Rechtsprechungssammlung des EGMR (ehemalige Bezeichnung)
RMV	Reverse majority voting
Rn.	Randnummer
RS	Rechtsache
RV	Regierungsvorlage
Rz	Randziffer
S.	Satz/Seite
Slg.	Sammlung
s.o.	siehe oben
St.	Sankt
SWP	Stabilitäts- und Wachstumspakt
TFEU	Treaty on the Functioning of the European Union
ua	unter anderem
UA	Unterabsatz
UN	United Nations
UNCITRAL	United Nations Commission on International Trade Law
UNCLOS	United Nations Convention on the Law of the Sea
UNESCO	United Nations Educational, Scientific and Cultural Organization
UNGA	United Nations General Assembly
UNO	United Nations Organization
UNRIAA	United Nations Reports of International Arbitral Awards
UNTS	United Nations Treaty Series
Urt	Urteil
USA	United States of America
u.s.f.	Und so fort
usw	und so weiter
v.	von, vom / versus
va	vor allem
vgl.	vergleiche
VN	Vereinte Nationen
VO	Verordnung
Vol.	Volume
VRK	Völkerrechtskommission
WGIG	Working Group of Internet Governance
WSIS	World Summit on the Information Society

WTO	World Trade Organization
WVK	Wiener Übereinkommen über da Recht der Verträge
WWU	Wirtschafts- und Währungsunion
ZaöRV	Zeitschrift für ausländisches öffentliches Recht und Völkerrecht
z.B.	zum Beispiel
Ziff.	Ziffer
ZöR	Zeitschrift für öffentliches Recht
ZP	Zusatzprotokoll

Völkerrecht 2012
Richterliche Praxis und politische Realität

37. Österreichischer Völkerrechtstag in Augsburg

*Christoph Vedder**

Nach Meran im Jahr 2002, München im Jahr 2006 und Conegliano im Jahr 2011 traf sich die österreichische Völkerrechtswissenschaft im Mai 2012 in Augsburg wieder zu einem extramuralen Völkerrechtstag. Nach einer ersten Runde des Völkerrechtstages durch eindrucksvolle Klöster und Stifte - Konrad Ginther, der als Initiator des Völkerrechtstages 1976 zu einem ersten Treffen eingeladen hatte[1], ist am 17. März 2012 verstorben - und nach Treffen in kaiserlichen Residenzstädten wie Wien, Graz und Innsbruck kann Augsburg als eine Freie Reichsstadt und bischöflicher Sitz bis zum Ende des Reiches 1803 bzw. 1806 nicht mit imperialem Glanz aufwarten. Im Rokoko-Saal der ehemaligen bischöflichen Residenz, dem Tagungsort des 37. Völkerrechtstages, traf man sich aber unter Portraits Franz I. und Maria-Theresias. Im Schäzlerpalais, einem prächtigen Symbol Augsburgs als Stadt des deutschen Rokoko tanzte Marie Antoinette auf dem Weg zu ihrer Vermählung in Paris.

---

* Prof. Dr. Christoph Vedder, Lehrstuhl für Öffentliches Recht, Völkerrecht und Europarecht, Jean Monnet-Lehrstuhl für Europäisches Recht, Universität Augsburg.

1 Bericht: *Ginther*, Der österreichische Völkerrechtstag, 38 AVR (1990) 285.

Bei näherem Hinsehen findet man weitere Verbindungen Augsburgs mit Österreich. Augsburg, nach Köln und Trier eine der alten Römerstädte auf deutschem Boden, als Augusta Vindelicorum um 15 v.Ch. als römische Garnison gegründet, ist über die Via Julia mit Salzburg und über die Via Claudia über Mittenwald, das Inntal und den Reschenpass mit Italien verbunden.

In einer langen und wechselvollen Geschichte ist Augsburg mit Ereignissen verbunden, die für die historische Gestalt und die Verfassungsgeschichte des Heiligen Römischen Reiches Deutscher Nation bedeutsam waren oder die aus heutiger Sicht Gegenstand des Völkerrechts gewesen wären.

Nach der Abwehr ungarischer Invasoren in der Schlacht auf dem Lechfeld 955 gelangte Augsburg - günstig auf dem Weg nach Rom gelegen - ab Mitte des 12. Jahrhunderts als Königsstadt der reisenden staufischen Kaiser zu hoher Blüte - die Ottonen und Salier hatten zuvor einen gewissen heimatlichen Schwerpunkt im nördlichen Harz-Vorland. Seit 1294 ist Augsburg dann eine freie Reichsstadt, die von Zünften und Bürgern einerseits und von Bischöfen andererseits wechselvoll und spannungsreich regiert wurde.

I. Welthandel

Vor knapp über 500 Jahren, mit der Entdeckung der neuen Welt 1492, wurde Augsburg zu einem Zentrum des Welthandels und der internationalen Finanzen. Nach der Blütezeit der Hanse und vor den Handels-Monopolen der Niederländischen Vereinigten Ostindischen Kompanie und der englischen East India Company spielten die Familienunternehmen der Fugger und der heute etwas weniger bekannten Welser als Finanziers, Rohstoff-Erzeuger und -Händler unter der Gunst der habsburgisch-spanischen Kaiser eine für die damalige Welt bedeutende Rolle.

1494 und 1498 wurden die Gesellschaften der Fugger bzw. der Welser gegründet, die zunächst im Ostindien-Handel mit portugiesischen Konzessionen aktiv waren. Die Fugger erwarben Konzessionen für Bergbau und Handel mit Silber und Kupfer aus dem Tiroler und Kärntner Bergbau. Sie gingen enge Allianzen mit Herrschern wie Sigmund von Tirol und vor allem Kaiser Maximilian I ein. Dieser reiste wegen der engen finanziellen Verbindungen mit den Augsburger Handels- und Geldhäusern so häufig nach Augsburg, dass er ein eigenes Haus mit direktem Zugang durch die Stadtmauer erwarb und „Bürgermeister von Augsburg“ genannt wurde. Die Fugger sicherten seinem Nachfolger Karl V. 1519 durch große finanzielle Mittel die Wahl, waren aber auch die wesentlichen Finanziers der Päpste.

Die Welser orientierten sich dagegen zum weltweiten Handel. Unter durch Karl V. gewährten Konzessionen errichteten sie Faktoreien in Mittelamerika und Augsburger Repräsentanten der Welser herrschten als Gouverneure im heutigen Venezuela bis zum Amazonas, wo sie als deutsche Konquistadoren den spanischen an Gier und Grausamkeit nicht nachstanden. Sie suchten Gold und handelten einträglich mit Silber, Zuckerrohr und Sklaven. Sehr viel friedlicher heiratete eine Welser-Tochter einen habsburgischen Erzherzog und wurde als „Mutter von Tirol“ bekannt.

Diese frühe Globalisierung von Handel und Finanzen endete mit einer Reihe von Staatsbankrotten Spaniens, Portugals und anderer Länder Ende des 15. Jahrhunderts und endgültig 1607 bzw. 1614, die auch das Ende von Macht und Einfluss der Fugger und Welser bedeuteten. Damit endete auch die goldene Zeit Augsburgs als reiche Stadt der Künste mit Malern wie Holbein d.J. oder Dürer, der Bildhauer, Silberschmiede und Buchdrucker.

In der völkerrechtlichen Literatur wird gelegentlich die Hanse als privatrechtlich organisierter Vorläufer der WTO betrachtet. Die weltweit agierenden Unternehmen der Fugger und Welser wären dagegen als multinationale Unternehmen eher unter Aspekten staatlicher Konzessionierung, des Gesellschaftsrechts, des Steuerrechts und vor allem des Wettbewerbsrechts zu betrachten. Sie bedienten sich führender Juristen, um rechtliche Einschränkungen abzuwehren. Aus dem Bankrott der Unternehmen um 1600 kann man auch schon erste Lehren für den Umgang mit Staatsbankrotten ziehen.

II. Reformation

Mit der Reformation, die vor 455 Jahren mit dem, vielleicht legendären, Anschlag der 95 Thesen an das Portal der Wittenberger Kirche durch Martin Luther ihren Ausgang nahm, sind erhebliche politische und verfassungsrechtliche Entwicklungen verbunden, die Deutschland bis heute prägen, und man kann Vorahnungen menschenrechtlicher Garantien finden.

1518 war Luther vor den in Augsburg tagenden Reichstag geladen worden. Nach dem Verhör durch den päpstlichen Legaten Kardinal Cajetan, in dem Luther nicht widerrief, floh er aus der Stadt und verbrachte die nächste Zeit unter dem Schutz des Kurfürsten Moritz von Sachsen auf der Wartburg, wo er die Bibel ins Deutsche übersetzte. Im Zuge der dann einsetzenden Auseinandersetzungen gewannen die Fürsten, die sich zu dem neuen Glauben bekannten, militärisch zeitweilig die Überhand.

Die religiöse Frage wurde in den Bauernkriegen dieser Zeit auch durch soziale Fragen überlagert. Ein frühes, vielleicht erstes und durch den Buchdruck verbreitetes, menschenrechtliches Dokument stellen die Zwölf Memminger Bauernartikel von 1525 aus der Augsburg umgebenden oberschwäbischen Landschaft dar, in der die Bauern in rechtlichem Gewand Forderungen erhoben, die wie die modernen Menschenrechte die Probleme ihres täglichen Lebens reflektierten, wie die freie Wahl der Pfarrer, die Abschaffung der Leibeigenschaft, Recht auf Jagd, Fischerei und Holznutzung, Allmende an Wiesen und Äckern, Begrenzung von Frondiensten und Strafen.[2]

Während eines weiteren, in dieser Zeit häufig in Augsburg stattfindenden Reichstages haben die protestantischen Reichsstände 1530 die Confessio Augustana, die große und bis heute geltende Bekenntnisschrift des neuen Glaubens, vorgelegt[3]. Der Augsburger Religionsfrieden von 1555[4] beendete die Religionsstreitigkeiten und brachte die reichsrechtliche Gleichberechtigung des protestantischen Glaubens; damit wurde das Heilige Römische Reich bi-konfessionell. Die Bi-Konfessionalität prägt die Stadt Augsburg bis heute, was auch darin zum Ausdruck kommt, dass Augsburg mit dem Friedensfest am 8. August einen in Deutschland einzigartigen Feiertag begeht.

Der Kompromiss des Augsburger Religionsfriedens, wonach jeder der deutschen Teilstaaten die Konfession hat, der sein Herrscher anhängt, was alle Untertanen zum gleichen Glauben zwingt, enthält aber immerhin schon einen Vorläufer eines Aspekts der Religionsfreiheit. Wenn der Herrscher nach der Formel „cuius regio eius religio" die Staatsreligion seines Herrschaftsbereiches festlegt, so gewährt der Religionsfrieden den Untertanen anderen Glaubens die Freiheit, dessen Herrschaftsgebiet zu verlassen.

III. Reichstag

Ein Symbol des Verfassungsrechts des Heiligen Römischen Reiches finden wir in Gestalt des Goldenen Saales im Rathaus der Stadt Augsburg. Nicht zuletzt dank der Verbindung der Kaiser zu den Fuggern und Welsern fanden viele Reichstage im späten 15. und im 16. Jahrhundert in Augsburg statt. Augsburg war eine reiche Stadt und wollte dem Reichstag, der bis dahin im bescheidenen gotischen Rathaus getagt hatte, ein angemessenes Quartier geben. Das alte Rat-

2 Stadtarchiv Memmingen, Zwölf Bauernartikel 1525, abrufbar unter: http://stadtarchiv.memmingen.de/918.html (zuletzt eingesehen am 23.07.2013).

3 Die Bekenntnisschriften der evangelisch-lutherischen Kirche hrsg. im Gedenkjahr der Augsburgischen Konfession 1930, Göttingen 1986.

4 *Aulinger, Rosemarie/Eltz, Erwein/Machoczek, Ursula* (Hrsg.), Deutsche Reichstagsakten: Der Reichstag zu Augsburg 1555, XX, München 2009.

haus wurde niedergelegt und durch ein neues, prächtiges, im Stil der damals über die Alpen vordringenden Renaissance erbautes Rathaus ersetzt. Dieses wurde 1620 fertiggestellt. 1582 hatte allerdings der letzte Reichstag in Augsburg stattgefunden und dieser war als „immerwährender Reichstag“ in Regensburg sesshaft geworden.

„Immerwährend“ auch deshalb, weil er sich von einem Treffen der Fürsten zu einem Gesandten-Kongress wandelte, der immer häufiger in Permanenz tagte. Der Goldene Saal mit den vier angrenzenden Räumen, in denen sich der Kaiser und sein Gefolge und die drei Kurien des Reichstages zu ihren internen Beratungen versammeln sollten, ist als Plenarsaal des Reichstages, auch wenn als solcher nie genutzt, das Stein gewordene Symbol des schon weit dezentralisierten Heiligen Römischen Reiches Deutscher Nation geworden, das dann ab dem Westfälischen Frieden 1648[5] ein „monstrum simile“[6] oder in moderner Denkweise einen Staatenbund[7] darstellte.

IV. Völkerrecht und richterliche und diplomatische Praxis

Der 37. Völkerrechtstag stand unter dem Thema „Völkerrecht 2012. Richterliche Praxis und politische Realität“ im Zeichen des Austausches zwischen gerichtlicher und diplomatischer Völkerrechtspraxis und Völkerrechtswissenschaft. Dabei spielte Den Haag als Ort internationaler Gerichte eine Rolle.

In einer ersten Arbeitssitzung „Völkerrecht aus dem Friedenspalast“ hat Prof. *Bruno Simma*, University of Michigan Ann Arbor, der nach Ablauf seiner Amtszeit gerade aus dem Gericht geschieden war, unter der Fragestellung „Der Internationale Gerichtshof in neuer Blüte?“ über seine Erfahrungen berichtet. Für den älteren und hinter dem IGH in den Hintergrund getretenen Ständigen Schiedshof konstatierte *Manuel Indlekofer*, LL.M. eine „Renaissance des Ständigen Schiedshofes“ als Forum der Streiterledigung neben dem IGH.

Die zweite Arbeitssitzung „Aktuelles aus der Völkerrechtspraxis“ leitete Dr. *Philip Spoerri*, Directeur du droit international et de la coopération des CICR, mit einem Bericht zu den aktuellen „Initiativen des IKRK zur Stärkung des hu-

---

5 *Müller, Konrad,* Instrumenta Pacis Westphalicae. Die Westfälischen Friedensverträge 1648. Vollständiger lateinischer Text mit Übersetzung der wichtigeren Teile und Regesten, 2. Auflage Bern 1966.

6 *Pufendorf, Samuel von,* Die Verfassung des deutschen Reiches, in: Horst Denzer (Hrsg.), Bibliothek des deutschen Staatsdenkens, Bd. 4, Frankfurt a. Main 1994, c.VI, §9 (198 f.).

7 *Randelzhofer, Albrecht,* Völkerrechtliche Aspekte des heiligen Römischen Reiches nach 1648, Berlin 1967, 299 ff.: „atypischer Staatenbund“.

manitären Völkerrechts“ ein. Zum 37. Völkerrechtstag ist es erstmalig gelungen, die völkerrechtlichen Spitzen der Außenämter in Wien, Bern und Berlin zu einem Dreier-Gipfel außerhalb des diplomatischen Parketts zusammenzubringen: Botschafter Dr. *Helmut Tichy*, Leiter des Völkerrechtsbüros im Bundesministerium für europäische und internationale Angelegenheiten, begleitet von den Leitern der Abteilungen Allgemeines Völkerrecht bzw. Europarecht, den Gesandten MMag. *Gregor Schusterschitz* und Dr. *Andreas Kumin*, und Legationsrätin *Ulrike Köhler*, traf Botschafter Dr. *Valentin Zellweger*, Direktor für Völkerrecht des Eidgenössischen Department für auswärtige Angelegenheiten, und Dr. *Guido Hildner*, Leiter des Referats Allgemeines Völkerrecht im Berliner Auswärtigen Amt. Der Austausch zwischen diplomatischer Völkerrechtspraxis und Völkerrechtswissenschaft, der 2012 den International Criminal Court, das Interreligiöse Dialogzentrum, den EU-Fiskalpakt, Fragen der Immunität und eine mögliche EGMR-Reform zum Gegenstand hatte, gehört zu den prägenden Besonderheit des Österreichischen Völkerrechtstages, dem es damit gelingt, die oft schmerzlich empfundene Kluft zwischen Wissenschaft und Praxis zu überwinden.

In der dritten Arbeitssitzung, die traditionellerweise Berichten „aus der Völkerrechtswerkstatt der Fakultäten“ gewidmet ist, konnte *Matthias Kettemann*, LL.M. sein Referat „Grotius goes Google. Der Einfluss der Internet Governance auf das Völkergewohnheitsrecht“ nicht vortragen. *Astrid Reisinger Coracini* sprach unter dem Thema “Der Internationale Strafgerichtshof im Spannungsfeld von Rechtsprechung und Rechtswahrnehmung“ die politische Außenwirkung und Wahrnehmung der Tätigkeit des ICC an. Prof. *Hans-Peter Folz*, Seoul National University School of Law, widmete sich unter der Themenstellung „Der Beitritt der EU zur EMRK: das Ende einer langen Reise und die Folgen“ den Konsequenzen des Beitrittes der EU zur EMRK, ohne allerdings diese Reise bereits an ihrem Ende angekommen zu sehen.

V. Völkerrechtler und Diplomaten

Völkerrecht und diplomatische Praxis - die Einladung zum 37. Völkerrechtstag zierten Bilder von Werken wichtiger Völkerrechtler und ein Blick in den Sitzungssaal des Permanent Court of Arbitration. Eines dieser Werke ist Grotius’ „De jure belli ac pacis“ in einer in Den Haag gedruckten Auflage aus dem Jahr 1680[8]. *Hugo de Groot* war mehr Diplomat und ein tief in die unruhige Geschichte der Niederlande seiner Zeit verwickelter Politiker als akademischer Völker-

8 De jure belli ac pacis libri tres, in quibus Jus Naturae & Gentium, item juris publici praecipiua explicantur, editio novissima cum Annotatis Auctoris, Leers, Den Haag, 1680.

rechtler. 1575 bis 1588 haben sich die Provinzen nördlich des Waal, die „niederen Lande“, gewaltsam von den spanischen Niederlanden und damit vom Haus Habsburg gelöst, eine Folge der Reformation und des Humanismus, vom niederländischen Calvinismus geprägt. Die Universität Leiden, deren Juristische Fakultät bis vor rund 10 Jahren an der Hugo de Grootstraat domizilierte, war als Universität des neuen Staates 1575 gegründet worden und diente der modernen Ausbildung der staatlichen und kirchlichen Eliten.

Grotius, 1583 geboren, verhandelte schon 1598, 16 Jahre alt, als Teil einer niederländisch-französischen Delegation einen Vertrag mit der spanischen Krone. 1607 wurde er Advocat Fiscaal, hoher rechtskundiger Beamter, der Generalstaaten. Seit 1613 amtierte er als Raadspensionaris von Rotterdam, höchster und besoldeter Vertreter dieser Stadt. 1613 leitete er die Delegation der Niederländischen Vereinigten Ostindischen Compagnie, um mit der englischen Krone über Differenzen im Ostindien-Handel zu verhandeln. Grotius war dann zweiter Mann hinter Oldenbarnevelt, der in moderner Sprache der Ministerpräsident der Niederlande unter dem Stadthalter des Hauses Oranien, Prinz Maurits, war. Als solcher wurde Grotius in die Kämpfe zwischen Remonstranten und Gegen-Remonstranten hineingezogen und damit tief in die, auch gewaltsam ausgefochtenen, Kämpfe zwischen unterschiedlich orthodoxen Spielarten des Calvinismus. Nachdem er zunächst mit theologisch-philosophischen Schriften hervorgetreten war, trat er in seinen politischen Funktionen für die Sache der - gemäßigten - Remonstranten ein. Allerdings setzten sich 1618 die Gegen-Remonstranten militärisch und politisch durch mit der Folge, dass Grotius verhaftet und die Universität Leiden gesäubert wurde.

Im Mai 1619 wurde Oldenbarnevelt zum Tode und Grotius wegen Hochverrats zu lebenslanger Haft verurteilt, die er zunächst auf der Burg Löwenstein verbrachte, wo er theologische Bücher schrieb. Im März 1621 gelang ihm dann die spektakuläre Flucht in einer Büchertruhe und er ging nach Paris, wo er 1623 „De jure belli ac pacis“ schrieb. Diplomatische Praxis und völkerrechtliches literarisches Wirken ist heute, jedenfalls in Europa, nicht mehr so gefährlich. Politisches Engagement hätte fast eines der großen Werke des Völkerrechts verhindert. Nach kurzer Rückkehr in die Niederlande 1631 war Grotius erneut zur Flucht gezwungen und trat in die Dienste der schwedischen Königin Christine und führte als Botschafter in Frankreich Verhandlungen zwischen den Parteien des Dreißigjährigen Krieges. Auf einer Rückreise aus Schweden erlitt der Vater des Seerechts in der Ostsee Schiffbruch und starb am 17. August 1645 in Rostock.

Das andere auf dem Programm abgebildete Werk ist ein Band des „Receuil des Traités“, das in erster Auflage 1791 bis 1802 von *Georg Friedrich Martens* in Göttingen publiziert worden ist[9]. Während Grotius zusammen mit anderen bekannten Namen für ein naturrechtliches Völkerrecht steht, hat Martens das positive Staats- und Völkerrecht vertreten. Er war 1783 zum ersten Professor für - unter anderem - Völkerrecht an der 1737 gegründeten Universität Göttingen ernannt worden und ist somit der Urahn des allerdings erst im 20. Jahrhundert als solches gegründeten Göttinger Instituts für Völkerrecht, an dem der Veranstalter des 37. Völkerrechtstages seine Dissertation geschrieben hat.

Martens entwickelte ein System des positiven Völkerrechts aus der empirischen Untersuchung der völkerrechtlichen Verträge und diplomatischen Praxis seiner Zeit. In seinem 1794 in erster Auflage publizierten „Précis du Droit des Gens“[10] hat Martens eine sehr klare, inhaltlich umfassende, in der Darstellung nach heutigen Maßstäben aber extrem knappe Gesamtdarstellung des zur damaligen Zeit bestehenden Völkerrechts mit weitem Ausgriff auf verfassungsrechtliche Aspekte vorgelegt. Dieses ist nicht ein großangelegtes Gedankengebäude, sondern die eindrucksvolle Systematisierung der rechtlichen und politischen Realität. Martens hat sich in seiner akademischen Tätigkeit an der Universität Göttingen auch immer dezidiert als Lehrer für die diplomatische Praxis verstanden und zu diesem Zweck den „Cours diplomatique“ vorgelegt[11].

Bei dieser völkerrechtlichen Ausrichtung verwundert es nicht, dass Martens nicht nur akademischer Lehrer war - als solcher hat er 1797 die drei Prinzen des englisch-hannoverschen Königshauses unterrichtet und stand in verschiedenen hohen Positionen der Verwaltung der Universität Göttingen vor - sondern 1808 die Universität Göttingen verließ, um als für die Staatsfinanzen zuständiger Staatsrat in die Dienste des 1807 durch Napoleon geschaffenen Königreichs Westfalens mit seiner Hauptstadt Kassel zu treten und für Napoleons Bruder, König Jerome, diplomatische Missionen zu unternehmen. Ende 1812 und endgültig mit der Leipziger Völkerschlacht 1813 löste sich das Königreich Westfa-

---

9 *Martens, Georg Friedrich von,* Recueil des Principaux Traités oder Sammlung der merkwürdigsten Staatsverträge, Friedensbündnisse, Friedensschlüsse, Waffenstillstände, Neutralitätsverträge, Handels-, Grenz-, Tauschverträge, u.s.f., welche von den Europäischen Mächten theils untereinander, theils mit Völkern und Staaten außerhalb Europa vom Jahr 1761 bis jetzt geschlossen worden, 7 Bde., 4 Suppl., Göttingen 1791-1802.

10 Précis du droit des gens moderne de l'Europe, Göttingen 1794; die von William Cobbett 1802 besorgte englische Übersetzung: "A Compendium of the Law of Nations Founded on the Treaties and Customs of the Modern Nations of Europe", London 1802.

11 Cours diplomatique ou tablau des rélations extérieures des Puissances de l'Europe tant entre elles qu'avec d'autres Etats dans les diverses parties du globe, 3 Bde., Berlin/Paris/Straßburg 1801.

len auf und Martens trat wieder in die Dienste des wiedererstandenen Königreiches Hannover. 1814 assistierte er dem Grafen Münster, der Hannover auf dem Wiener Kongress vertrat, und agierte als Generalsekretär eines Ausschusses, der sich mit der staatlichen Neugliederung Deutschlands befasste. Ab 1815 sehen wir Martens als hannoverschen Gesandten zum Bundesrat des Deutschen Bundes in Frankfurt, wo er auf Metternich traf und diesem gegenüber eher kleindeutsche Positionen vertrat. Am 21. Februar 1821 starb Martens mitten in seinen Aufgaben im Bundesrat.

Auch ein anderer Martens hat Völkerrechtsgeschichte geschrieben: *Friedrich Fromhold Martens*, ein Balte im Dienste der Zaren. Seit 1868, 23 Jahre alt, hat er in fast 40 Jahren diplomatischen Dienstes als Berater des russischen Außenministers Gortschakov unter drei Zaren das russische Reich auf nahezu allen Konferenzen der Zeit vertreten. Als polyglotter europäischer Bürger hat er die Haager Friedenskonferenzen von 1899 und 1907 mit gestaltet, hat die Haager Landkriegsordnung mit entworfen und die Martens'sche Klausel geprägt. Die Errichtung des Ständigen Schiedshofes im Haag geht wesentlich auf ihn zurück und damit kehrt eine wesentliche Epoche der Entwicklung des modernen Völkerrechts wieder in die Niederlande zurück.

Friedrich Fromhold Martens war einer der einflussreichsten Völkerrechtler seiner Zeit, einer der Mitbegründer der Haager Tradition des humanitären Völkerrechts, Vermittler und Schiedsrichter internationaler Streitfälle, seit 1873 einflussreich im eben gegründeten Institut du Droit International, 1901 und 1908 in der engeren Wahl für den Friedensnobelpreis. Er stand für einen völkerrechtlichrechtsphilosophischen Ansatz, der den Primat des Rechts über die staatliche Souveränität und ein eurozentrisches Völkerrecht der „civilisierten Nationen“ propagierte und kämpfte daher für die Kodifikation und Weiterentwicklung des Völkerrechts.

Nebenher - so muss man wohl sagen - lehrte er von 1873 bis 1905 in St. Petersburg. Sein großes Werk ist das „Völkerrecht. Das internationale Recht der civilisierten Nationen“ 1881/82[12]. Der estische Autor Jaan Kross lässt den Leser einer schönen Lektüre für Völkerrechtler[13] in die großbürgerlichen baltisch-russischen Lebensverhältnisse und die diplomatische Welt vor dem ersten Weltkrieg eintauchen. Friedrich Fromhold Martens imaginiert in diesem Roman ständig das Wirken Georg Friedrich Martens' im Vergleich zu seinem eigenen Leben und Wirken: eine Doppelbiographie und eine Schilderung des diplomatischen Lebens und Wirkens zweier unterschiedlicher Epochen des Völkerrechts. Friedrich Fromhold Martens ist aufgrund seiner Tätigkeit im wahren Sinne des

12 deutsch, Berlin 1884, 1885.

13 *Kross, Jaan*, Professor Martens' Departure, New York 1984.

Wortes begütert gestorben, ebenfalls mitten im Dienst, auf dem Bahnhof einer livländischen Kleinstadt im Jahr 1909.

VI. Der Friedenspalast

Friedrich Fromhold Martens war bei der Grundsteinlegung des Friedenspalastes, der von 1907 bis 1913 erbaut wurde, dabei. Der Friedenspalast ist der sichtbare Ausdruck der Haager Konferenzen und des Glaubens an eine durch das Völkerrecht befriedete Welt. Die prächtigen Geschenke der Herrscher der damaligen Zeit sind Ausdruck einer Aufbruchstimmung in eine Welt des Völkerrechts, wie wir uns das heute trotz aller Erfolge der internationalen Gerichtsbarkeiten kaum vorstellen können. Damit sind wir bei der dem Völkerrecht aus dem Friedenspalast[14] gewidmeten ersten Arbeitssitzung angekommen.

---

14 *Eyffinger, Arthur*, The First Hague Peace Conference of 1899: "The Parliament of Man, the Federation of the World", Den Haag 1999; *Eyffinger, Arthur*, The 1907 Hague Peace Conference: "The Conscience of the Civilized World", Den Haag 2007; *Krieken, Peter J. van/McKay, David (Hrsg.)*, The Hague - Legal Capital of the World, Den Haag 2005.

Teil I: Völkerrecht aus dem Friedenspalast

Die Renaissance des Ständigen Schiedshofes?

Manuel Indlekofer[* *]

* Univ.-Ass. Dr. iur. Manuel Indlekofer, LL.M. (Chicago-Kent), Lehrstuhl für Öffentliches Recht, Völkerrecht und Europarecht, Universität Augsburg.

* Der Beitrag ist eine Zusammenfassung der Ergebnisse der Dissertation des Autors. Die Dissertation erscheint demnächst unter dem Titel „International Arbitration and the Permanent Court of Arbitration“ bei Kluwer Law International.

I. Der Ständige Schiedshof – kein Relikt vergangener Zeiten

Neben dem Internationalen Gerichtshof (IGH), beherbergt der Friedenspalast in Den Haag eine weitere Institution zur Streitbeilegung: den Ständigen Schiedshof (PCA). Dieser ist fast ein halbes Jahrhundert älter als der IGH, wurde auf der Haager Friedenskonferenz von 1899 begründet, und hat am Anfang des letzten Jahrhunderts, als erste existierende Institution im modernen Völkerrecht eine beachtliche Zahl von Schiedsfällen administriert,[1] was auch als das Goldene Zeitalter des Ständigen Schiedshofs bekannt ist.[2]

In der heutigen Literatur wird der Ständige Schiedshof deshalb überwiegend für seine historischen Beiträge zur Entwicklung des Völkerrechts und der inter-

1 Für eine Zusammenfassung der Fälle, die der PCA in der Zeit von 1899 bis 1934 administrierte, siehe *Rendues par les Tribunaux d'Arbitrage constitués conformément aux stipulations des Conventions de La Haye de 1899 et 1907 pour le règlement pacifique des conflits internationaux, ainsi que par les juridictions spéciales d'arbitrage qui ont fonctionné en application de l'art 47 de la Convention de 1907*, Den Haag 1934.

2 Der Begriff „Golden Age" wird im Zusammenhang mit dem PCA von mehreren Autoren für die Zeit nach der Entstehung der Institution bis zum Beginn des Völkerbundes verwendet, in der der PCA eine beachtliche Zahl von Schiedsfällen administrierte, so etwa *Boyle, Francis Anthony*, Foundations of World Order. The Legalist Approach to International Relations, 1898-1922, Durham/London 1999, 34 f.

nationalen Gerichtsbarkeit gewürdigt.[3] Daher tendiert man sehr schnell dazu, den PCA als Relikt vergangener Epochen zu klassifizieren.

Allerdings existiert der Ständige Schiedshof noch immer und scheint sich in den letzten Jahren als Forum zur Lösung von Streitigkeiten mit völkerrechtlichem Bezug neuer Beliebtheit zu erfreuen. Momentan sind unter der Ägide des Ständigen Schiedshofes 5 zwischenstaatliche und 18 gemischte Schiedsverfahren, sowie 45 Investitionsschutzstreitigkeiten anhängig.[4] Diese Zahlen sprechen auf den ersten Blick für eine Renaissance dieser Institution; insbesondere deswegen, weil der Ständige Schiedshof nach der Begründung des IGH für ein halbes Jahrhundert buchstäblich untätig gewesen und in Vergessenheit geraten ist. Die neuere Literatur hat diese Wiederbelebung des PCA bisher nur rudimentär gewürdigt.[5] Um diese Revitalisierung des PCA näher zu untersuchen erläutert dieser Beitrag in seinem ersten Teil die Grundstruktur der institutionalisierten Schiedsgerichtsbarkeit unter dem Ständigen Schiedshof. Der zweite Teil befasst sich mit der Frage, ob mit der heutigen Inanspruchnahme des Schiedshofes von einer Renaissance gesprochen werden kann. Der dritte Teil gibt einen Ausblick, in welchen Feldern der Ständige Schiedshof sich in der Zukunft weiter etablieren kann.

---

3 So beispielsweise *Brownlie, Ian*, Principles of Public International Law, 7. Aufl., Oxford 2008, 703; *Ipsen, Knut*, Völkerrecht, 5. Aufl., München 2004; *Lorenzmeier, Stefan*, Völkerrecht – Schnell Erfasst, 2. Aufl. Heidelberg 2011, 210, weist zwar auf die Wiederbelebung der Institution hin, jedoch ohne weitere Ausführungen.

4 Abrufbar unter: http://www.pca-cpa.org/ (zuletzt eingesehen am 08.01.2013).

5 Die aktuellsten Werke die sich mit der Wiederbelebung des PCA befassen, sind *Le Cannu , Paul Jean/Drabkin, Daniel*, Assessing the Role of the Permanent Court of Arbitration in the Peaceful Settlement of Disputes, 28 L'observateur des Nations Unies (2009) 181 ff.; drei weitere Werke weisen weiterhin mittelbar auf die derzeitige Rolle des PCA in der internationalen Streitbeilegung hin: *Rosenne, Shabtai* (Hrsg.), The Permanent Court of Arbitration, The Hague Peace Conferences of 1899 and 1907 and International Arbitration: Reports and Documents, Den Haag 2001; *Hamilton, P./Requena, H.C./van Scheltinga, L./Shifman, B.* (Hrsg.), The Permanent Court of Arbitration: International Arbitration and Dispute Resolution. Summaries of Awards, Settlement Agreements and Reports, Den Haag 1999; und *MacMahon, Belinda/Smith, Claire* (Hrsg.), Permanent Court of Arbitration. Summary of Awards. 1999-2009, Den Haag 2010; in den beiden letztgenannten Werken sind insbesondere die Einführungen von *J.G. Merrills* hervorzuheben, die die Relevanz des Ständigen Schiedshofes herausstellen; *Merrills, J.G.*, The Contribution of the Permanent Court of Arbitration to International Law and to the Settlement of Disputes by Peaceful Means, in: *Hamilton, P./Requena, H.C./van Scheltinga, L./Shifman, B.* (Fn. 5) 3 ff.; *Merrills, J.G.*, The Contribution of the Permanent Court of Arbitration to International Law. 1999-2009, in: *MacMahon, Belinda/Smith, Claire* (Fn. 5), 3 ff.

II. Die Grundstruktur der institutionalisierten Schiedsgerichtsbarkeit

1. Die Internationale Schiedsgerichtsbarkeit

Die internationale Schiedsgerichtsbarkeit wird in Art. 33 UN Charta als Instrument zur Streitbeilegung nach den diplomatischen Mitteln und vor der Beilegung von Streitigkeiten durch gerichtliche Entscheidung genannt.

Als Definition für die Internationale Schiedsgerichtsbarkeit können grundsätzlich immer noch Art. 15 der Haager Konvention zur friedlichen Streitbeilegung von 1899[6] und Art. 37 Konvention von 1907[7] herangezogen werden: „Die Erledigung von Streitigkeiten zwischen Staaten durch Richter ihrer Wahl aufgrund der Achtung vor dem Rechte".

Die internationale Schiedsgerichtsbarkeit ist also dadurch charakterisiert, dass sie zu einer verbindlichen Streitbeilegung auf der Grundlage des Rechts durch eine dritte Partei – dem Schiedsgericht – führt.[8] Die Streitparteien bestimmen dabei die wesentlichsten Fragen des Verfahrens selbst: die zu lösende Streitfrage, die Zusammensetzung des Schiedsgerichts, die für das Schiedsverfahren geltenden Regeln sowie das anzuwendende Recht.[9]

Somit stellt die internationale Schiedsgerichtsbarkeit als rechtliches Mittel zur Streitbeilegung im Völkerrecht eine Alternative zur Streitbeilegung durch Internationale Gerichte dar.[10]

---

6 1899 Convention for the Pacific Settlement of International Disputes vom 19. Juli 1899, 187 CTS 410 (Haager Konvention von 1899).

7 1907 Convention for the Pacific Settlement of International Disputes vom 18. Oktober 1907, 205 CTS 277 (Haager Konvention von 1907).

8 So auch *Cassese, Antonio*, International Law, 2. Aufl., Oxford 2005, 281.

9 Dem gesamten Schiedsverfahren ist der Konsens der beteiligten Parteien – die Parteiautonomie – inherent; diese bildet die Grundlage für die Einleitung des Schiedsverfahrens, die Wahl der anzuwendenden Schiedsregeln, der Schiedsrichter und des anzuwendenden Rechts; so auch *Holtzmann, Howard M.*, Some Reflections on the Nature of Arbitration, 6 LJIL (1993) 265 ff.

10 Entgegen der Auffassung, dass die Schiedsgerichtsbarkeit ein diplomatisches Mittel zur Streitbeilegung darstellen würde, das nicht mit der Internationalen Gerichtsbarkeit zu vergleichen wäre (so insbesondere *Wehberg, Hans*, Das Problem eines internationalen Staatengerichtshofes, in: *Schücking, Walter* (Hrsg.), Das Werk vom Haag, Bd. 2, München/Leipzig 1912, 39 ff; *Dennis, William Cullen*, Compromis-The Great Defect of Arbitration, 11 Columbia Law Review (1911) 493 ff.; *Schwebel, Stephen M.*, The Prospects for International Arbitration: Inter-State Disputes. Comments on a Paper by Ambassador M.C.W. Pinto, in: *Soons, A.H.A.* (Hrsg.), International Arbitration: Past and Prospects. A Symposium to Commemmorate the Cenetary of the Birth of Professor J.H.W. Verzijl

Die internationale Schiedsgerichtsbarkeit unterscheidet sich zu internationalen Gerichten in ihrem Institutionalisierungsgrad.[11] Die Urform der rechtlichen Streitbeilegung im Völkerrecht – die ad hoc Schiedsgerichtsbarkeit oder auch isolierte Schiedsgerichtsbarkeit[12] genannt – lässt keine auf Dauer angelegten Strukturen erkennen. Ein Schiedsgericht wird dabei nach dem Aufkommen einer Streitigkeit ad hoc durch die Streitparteien begründet.[13]

Die institutionelle Schiedsgerichtsbarkeit[14] institutionalisiert in einer ersten Stufe den Willen der Parteien, gewisse zukünftige Streitigkeiten einem Schiedsgericht zu übertragen.[15] In weiteren Stufen können das Schiedsverfahren oder

---

(1888-1987), London 1990, 101 ff.; *Lachs, Manfred*, Arbitration and International Adjudication, in: *Soons, A.H.A.* (Hrsg.), International Arbitration: Past and Prospects. A Symposium to Commemmorate the Cenetary of the Birth of Professor J.H.W. Verzijl (1888-1987), London 1990, 37 ff.; zusammenfassend: *McWhinney, Edward*, The International Arbitral and Judicial Process and the Atrophy of the Permanent Court of Arbitration, in: *Dominicé, Christian/Patry, Robert/Reymond, Claude* (Hrsg.), Études de Droit International en L'Honneur de Pierre Lalive, Basel/Frankfurt a.M. 1993, 577 (579 f.)), ist die Schiedsgerichtsbarkeit unweigerlich ein rechtliches Mittel zur Streitbeilegung, das zur internationalen Gerichtsbarkeit gezählt werden muss; so auch insbesondere *Adele, Andronico O.*, Judicial Settlement in Perspective, in: *Muller, Sam/Raic, David/Thuránsky, Hama* (Hrsg.), The International Court of Justice. It's future Role after Fifty Years, Den Haag 1997, 47 (49 f.); *Pinto, M.C.W.*, Structure, Process, Outcome: Thoughts on the 'Essence' of Equity in Arbitration and in Judicial Settlement of Disputes, 6 LJIL (1993) 323 ff.; *Rosenne, Shabtai*, Some Thoughts on International Arbitration Today, 27 Israel Law Review (1993) 447 (448); *Daly, Brooks*, Permanent Court of Arbitration, in: *Giorgetti, Chiara* (Hrsg.), The Rules, Practice and Jurisprudence of the International Courts and Tribunals, Leiden 2012, 37 (73); *Merrills, J.G.*, International Dispute Settlement, 5. Aufl., Cambridge 2011, 116; *Gray, Christine/Kingsbury, Benedict*, Developments in Dispute-Settlement: Inter-State Arbitration since 1945, 97 BYIL (1992) 98.

11 Die Schiedsgerichtsbarkeit stellt die Grundlage für die Entwicklung zur Internationalen Gerichtsbarkeit, die mit festen und beständigen Verfahrensregeln und Spruchkörpern ausgestattet ist, dar (so auch *Gray* (Fn. 10), 103 ff; *Vicuña, Francisco O./Pinto, Christopher*, Peaceful Settlement of Disputes. Prospects for the 21st Century, in: *Karlshoven, Frits* (Hrsg.), The Centennial of the First International Peace Conference. Reports and Conclusions, Den Haag 2000, 290 ff.).

12 *Lammasch, Heinrich*, Die Lehre von der Schiedsgerichtsbarkeit in ihrem gesamten Umfang, in: *Stier-Somlo, Fritz* (Hrsg.), Handbuch des Völkerrechts, Bd. 5.2, Berlin 1914, 50 ff.

13 Ebd.

14 Ebd.

15 Siehe auch *Schlochauer, Hans-Jürgen*, Die Entwicklung der internationalen Schiedsgerichtsbarkeit, in: *Schlochauer, Hans-Jürgen* (Hrsg.), 10 AVR (1962/62) 1 ff.; *Cavaré, Louis*, La notion de jurisdiction internationale, 2 AFDI (1956) 496 ff.

auch die Struktur des Schiedsgerichts für zukünftige Streitigkeiten bereits festgelegt werden.

Die Erschaffung eines internationalen Gerichts kann mithin als finale Stufe der Institutionalisierung der Schiedsgerichtsbarkeit gewertet werden. Mit der Entscheidung für ein internationales Gericht nehmen die Streitparteien die Zuständigkeit, die Zusammensetzung des Gerichts, die Verfahrensordnung und die Rechtsgrundlagen für die Entscheidungsfindung an.[16]

2. Der Ständige Schiedshof in Den Haag

Die Englische oder Französische Bezeichnung für den Ständigen Schiedshof „Permanent Court of Arbitration“ oder „Court permanent d’arbitrage“ vermitteln den Anschein, dass der PCA ein internationales Gericht ist. Beide Bezeichnungen sind jedoch irreführend, die deutsche Bezeichnung ist demgegenüber korrekt. Der Ständige Schiedshof ist gerade kein Gericht mit Richtern, die für eine gewisse Dauer gewählt worden sind und Streitigkeiten mit den vorgesehenen Verfahrensregeln der Haager Konventionen lösen. Der Ständige Schiedshof ist vielmehr eine völkerrechtliche Institution, die den Streitparteien bei der Konstituierung und Durchführung von Schiedsgerichtsverfahren zur Seite steht.[17] Der Schiedshof verleiht der Schiedsgerichtsbarkeit also einen institutionellen Rahmen, so dass man für Schiedsverfahren die unter der Ägide des Schiedshofes geschlichtet werden, von institutionalisierter Schiedsgerichtsbarkeit sprechen kann.

Als internationale zwischenstaatliche Organisation ist der Ständige Schiedshof mit drei Organen ausgestattet: dem Verwaltungsrat, in dem die Mitgliedstaaten die Tätigkeit des Ständigen Schiedshofs überwachen und die grundsätzlichen Entscheidungen für die Institution treffen;[18] den Mitgliedern des Schiedshofes, von denen jeder Mitgliedstaat vier Mitglieder auf eine Dauer von jeweils sechs Jahren ernennt und die den Streitparteien als Schiedsrichter in einem Streitfall zur Verfügung stehen[19] und dem Internationalen Büro, das von dem Generalse-

---

16 S.o. Fn. 11.

17 Vgl. *Daly* (Fn. 10), 37 ff.

18 Art. 28 Haager Konvention von 1899 (Fn. 6) und Art. 49 Haager Konvention von 1907 (Fn. 7).

19 Art. 23 Haager Konvention von 1899 (Fn. 6) und Art. 44 Haager Konvention von 1907 (Fn. 7).

kretär des Ständigen Schiedshofs geleitet wird und als einzige dauerhafte Institution mit der Aufgabenerfüllung des Ständigen Schiedshofs betraut ist[20].

a) Zuständigkeit

Die Zuständigkeit des Ständigen Schiedshofes zur Streitbeilegung erstreckt sich nach Art. 26 Abs. 2 der Konvention von 1899 und Art. 47 Abs. 2 der Konvention von 1907 nicht nur auf Streitigkeiten zwischen den Mitgliedstaaten des Ständigen Schiedshofes. Auch Streitigkeiten zwischen Staaten, die nicht Mitglieder des Ständigen Schiedshofes sind, können vom PCA betreut werden, sofern die Streitparteien darüber übereinkommen, das Schiedsverfahren unter der Ägide des Schiedshofes durchzuführen.

Die ursprüngliche, streng am Wortlaut der Konventionen orientierte Zuständigkeit wurde im Laufe der Zeit in zweierlei Hinsicht ausgedehnt.

Ursprünglich haben die Konventionen von 1899 und 1907 grundsätzlich nur die Administrierung von Streitigkeiten durch den Ständigen Schiedshof vorgesehen, sofern die Schiedsrichter von der Liste der Mitglieder des Schiedshofes gewählt worden sind.[21] Eine funktionserweiternde Interpretation von Art. 26 Konvention von 1899 und Art. 47 Konvention von 1907 lässt jedoch heute auch die Betreuung von Streitigkeiten zu, in denen die Streitparteien nicht die Schiedsrichter von der Liste der Mitglieder des Schiedshofs gewählt haben. Diese Ausnahmeregelung ist heute zum Grundsatz geworden.[22]

Weiterhin haben die Delegierten der Haager Friedenskonferenzen von 1899 und 1907 die Aufgabe des Ständigen Schiedshofs ursprünglich in der Administrierung von zwischenstaatlichen Streitigkeiten gesehen. Darauf verweisen bereits Art. 15 der Konvention von 1899 und Art. 37 der Konvention von 1907 sowie die in den Haager Konventionen enthaltenen Schiedsprozessregeln, die auf zwischenstaatliche Streitigkeiten ausgerichtet sind.

---

20 Art. 22 Haager Konvention von 1899 (Fn. 6) und Art. 43 Haager Konvention von 1907(Fn. 7); der Generalsekretär wird in den Konventionen nicht erwähnt; seine Aufgaben und Befugnisse sind jedoch in der Geschäftsordnung des Internationalen Büros festgelegt; Art. 1 ff. International Bureau's rules concerning its internal work and organization., abrufbar unter: http://www.pca-cpa.org/showpage.asp?pag_id=119 (zuletzt eingesehen am 08.01.2013).

21 Art. 24 Abs. 1 Haager Konvention von 1899 und Art. 45 Abs. 1 Haager Konvention von 1907.

22 Siehe Annex 2 des PCA Jahresberichts aus dem Jahr 2012, der die bisher unter der Ägide des PCA administrierten Fälle auflistet; abrufbar unter: http://www.pca-cpa.org/showpage.asp?pag_id=1069 (zuletzt eingesehen am 1.1.2013).

Im Jahre 1935 hat der Ständige Schiedshof jedoch die Anfrage erhalten, ein gemischtes Schiedsverfahren zu administrieren. Im Schiedsverfahren Radio Corporation of America v. China[23] haben sich die Schiedsrichter auf Art. 47 der Konvention von 1907 berufen, um die Administration des Schiedsfalles durch den Ständigen Schiedshof vornehmen zu lassen. Dieser weiten Auslegung des Artikels ist das Internationale Büro nachgekommen und hat damit die Zuständigkeit des Ständigen Schiedshofes für Streitigkeiten eröffnet, an denen nur eine der Streitparteien ein Staat ist.[24] Der Verwaltungsrat des Ständigen Schiedshofes hat diese weite Auslegung bekräftigt, in dem er im Jahre 1960 Schiedsprozessregeln für Streitigkeiten zwischen einem Staat und einem nichtstaatlichen Akteur erlassen hat.[25]

Die Inanspruchnahme der Dienste des Ständigen Schiedshofes ist heute somit in allen Streitigkeiten eröffnet, in denen zumindest eine der Streitparteien ein Staat ist.

b) Angebotene Schiedsdienste

Zur Durchführung eines Schiedsverfahrens bietet der PCA den Streitparteien verschiedene Dienste an. Die Inanspruchnahme dieser Dienste durch die Parteien basiert auf einem Baukastenprinzip. Das heißt, dass die Parteien frei wählen können, welche Dienste sie in Anspruch nehmen möchten.

---

23 Award of the tribunal in the matter Radio Corporation of America v. The National Government of the Republic of China vom 13. April 1935, abrufbar unter: http://www.pca-cpa.org/showpage.asp?pag_id=1029 (zuletzt eingesehen am 1.1.2013).

24 Der PCA Jahresbericht von 1934 führte hierzu aus: „Although only one of the Parties is a State, the Bureau concluded that it could accept their request, considering that if it is true that, generally speaking, international arbitration should be understood as a jurisdiction between two or more States, the drafting [of Art. 47 of the Convention of 1907] does not imply that spezial boards of arbitration as to which broader interpretation tends to appear, are so conditioned“, abgedruckt in *Crawford, James*, The Permanent Court of Arbitration and Mixed Arbitration, Remarks on the occasion of a Celebration of the Cenetary of the PCA, Den Haag, 18. Oktober 2007, abrufbar unter: www.pca-cpa.org/showfile.asp?fil_id=973 (zuletzt eingesehen am 1.1.2013); auf der Grundlage dieser Entscheidung stützt der PCA auch die Zuverfügungstellung weiterer Optionaler Verfahrensregeln für Streitigkeiten mit nichtstaatlichen Akteuren oder internationalen Organisationen; vgl. *Daly* (Fn. 10), 40.

25 Siehe hierzu *Sanders, Pieter*, Private Parties and the Permanent Court of Arbitration, 6 LJIL (1993) 289 ff.

aa) Sekretariat- und Registraturdienste

Zu der Hauptaufgabe des Ständigen Schiedshofes gehört die Administration von Schiedsverfahren, indem die Institution als Registratur oder Sekretariat für das Schiedsverfahren zur Verfügung steht. Generell umfassen diese Dienste den Austausch des Dokumentenverkehrs zwischen den Verfahrensbeteiligten und dem Schiedsgericht, die Verwaltung von Akten und Schriftstücken, sowie finanzielle, logistische und technische Verwaltungsaufgaben, insbesondere die Bereitstellung von Räumen, in denen das Schiedsgericht tagen kann und, falls benötigt, die Bereitstellung von Übersetzern.[26]

Um die neutrale Stellung des Ständigen Schiedshofes zwischen den Streitparteien und dem Schiedsgericht zu wahren, beschränkt sich der Aufgabenbereich des Ständigen Schiedshofes auf reine Verwaltungsaufgaben.[27] Allerdings steht die rechtliche Expertise des PCA für Fragen des Ablaufs des Schiedsverfahrens den Streitparteien und den Schiedsrichtern zur Verfügung.[28]

Auch wenn einem die Registraturdienste und Sekretariatsdienste des Ständigen Schiedshofes für die Bedeutung des Schiedsverfahrens als unwesentlich vorkommen mögen, so ist das Gegenteil der Fall. Gerade in der effektiven Administrierung von Schiedsfällen liegt oftmals der Schlüssel für die erfolgreiche Durchführung eines Schiedsverfahrens. Dies wird durch die rasche Erledigung von Streitigkeiten, die unter der Ägide des PCA geführt worden sind, verdeutlicht.[29] So ist das Schiedsgericht in der durchaus komplexen und schwierigen zwischenstaatlichen Streitigkeit zwischen der Sudanesischen Regierung und der Sudanesischen Befreiungsbewegung – dem Schiedsfall Abyei aus dem Jahr 2008 – bereits nach nur neun Monaten zu einem erfolgreichen Ergebnis gekommen.[30]

---

26 Siehe hierzu die offizielle Beschreibung des PCA, abrufbar unter: http://www.pca-cpa.org/showpage.asp?pag_id=1048 (zuletzt eingesehen am 1.1.2013).

27 Information des PCA; a.A.: *van Haersolte-van Hof*, The Revitalization of the Permanent Court of Arbitration, 54 NILR (2007) 395.

28 Information des PCA.

29 So auch *Guillaume, Gilbert*, The Contribution of the Permanent Court of Arbitration and its International Bureau to Arbitration between States, abrufbar unter: www.pca-cpa.org/showfile.asp?fil_id=975 (zuletzt eingesehen am 1.1.2013).

30 Final Award in the matter of an Arbitration before a tribunal constituted in accordance with Article 5 of the arbitration agreement between the government of Sudan and the Sudan people's liberation movement/army on delimiting Abyei area between the government of Sudan and the Sudan people's liberation movement/army vom 22. Juli 2009, abrufbar unter: http://www.pca-cpa.org/showpage.asp?pag_id=1306 (zuletzt eingesehen am

bb) Modell-Schiedsklauseln

Neben der Administration von Schiedsverfahren steht der Ständige Schiedshof Streitparteien auch bei der Ausarbeitung von Schiedsklauseln, die in völkerrechtliche Verträge eingebunden werden sollen, zur Verfügung. Um die Ausgestaltung solcher Klauseln zu erleichtern und mögliche Schwierigkeiten, die sich aus einer fehlerhaft konzipierten Schiedsklausel ergeben können, zu minimieren, hat der Ständige Schiedshof Modell-Schiedsklauseln entwickelt.[31]

cc) Optionale Modell-Schiedsregeln

Darüber hinaus hält der Schiedshof auch optionale Modell-Schiedsregeln zur Anwendung bereit. Neben den beiden Urfassungen von Schiedsregeln in den Konventionen von 1899 und 1907 hat der Ständige Schiedshof seit den 1990er Jahren noch weitere Optionale Modell-Schiedsregeln erlassen.

Diese Optionalen Schiedsregeln sind allesamt auf Grundlage der von der Kommission der Vereinten Nationen für internationales Handelsrecht im Jahr 1976 angenommenen UNCITRAL Schiedsgerichtsordnung erstellt worden.[32] Die UNCITRAL Schiedsgerichtsordnung ist moderne Kodifikation der Schiedsgerichtspraxis in Handelsstreitigkeiten. Diese hat der Ständige Schiedshof für die Eigenheiten der völkerrechtlichen Schiedsverfahren modifiziert.[33] Es bestehen Optionale Schiedsregeln des Ständigen Schiedshofs für:

1.1.2003); die durchschnittliche Verfahrensdauer vor dem IGH beträgt 3 bis 4 Jahre; vgl. *Hobe, Stephan*, Einführung in das Völkerrecht, Tübingen/Basel 2008, 300.

31 Die konsolidierte Fassung der Model Clauses for use in connection with the Permanent Court of Arbitration Optional Rules ist abrufbar unter: http://www.pca-cpa.org/showfile.asp?fil_id=204 (zuletzt eingesehen am 1.1.2013); die Modell-Schiedsklauseln korrespondieren mit den vom PCA erlassenen Optionalen Modell-Schiedsregeln.

32 UNCITRAL Arbitration Rules of 28 April 1976, abrufbar unter: http://www.uncitral.org/pdf/english/texts/arbitration/arb-rules/arb-rules.pdf (zuletzt eingesehen am 08.01.2013).

33 Siehe hierzu auch *Ando, Nisuke*, Permanent Court of Arbitration (PCA), in: *Wolfrum, Rüdiger* (Hrsg.), The Max Planck Encyclopedia of Public International Law, Oxford 2010, abrufbar unter: www.mpepil.com (zuletzt eingesehen am 1.1.2013).

- Zwischenstaatliche Streitigkeiten (1992);[34]
- Streitigkeiten zwischen einem Staat und einem nichtstaatlichen Akteur (1993);[35]
- Streitigkeiten zwischen einem Staat und einer Internationalen Organisation (1996);[36]
- Streitigkeiten zwischen einer Internationalen Organisation und einer privaten Partei (1996);[37]
- Streitigkeiten im Umweltvölkerrecht (2001);[38]
- Streitigkeiten im Weltraumrecht (2011)[39].

Aufgrund der Modifizierung der UNCITRAL Schiedsgerichtsordnung aus dem Jahr 1976 im Jahr 2010, hat das Internationale Büro des PCA auf dieser Grundlage am 17. Dezember 2012 einheitliche und modifizierte Optionale Schiedsregeln erlassen.[40]

dd) Schiedsrichterlisten für generelle völkerrechtliche, Umwelt- und Weltraumstreitigkeiten

Letzter Baustein der Dienste des Ständigen Schiedshofes sind die Schiedsrichterlisten. Ursprünglich sollten die Streitparteien aus der Liste der Mitglieder des

---

34 PCA Optional Rules for Arbitrating Disputes between Two States, vom 20. Oktober 1992, abrufbar unter: http://www.pca-cpa.org/showfile.asp?fil_id=195 (zuletzt eingesehen am 1.1.2013).

35 PCA Optional Rules for Arbitration between Two Parties of which only One is a State, vom 6. Juli 1993, abrufbar unter: http://www.pca-cpa.org/showfile.asp?fil_id=194 (zuletzt eingesehen am 1.1.2013).

36 PCA Optional Rules for Arbitration for International Organizations and States, vom 1. Juli 1996, abrufbar unter: http://www.pca-cpa.org/showfile.asp?fil_id=202 (zuletzt eingesehen am 1.1.2013).

37 PCA Optional Rules for Arbitration between International Organizations and Private Parties, vom 1. Juli 1996, abrufbar unter: http://www.pca-cpa.org/showfile.asp?fil_id=201 (zuletzt eingesehen am 1.1.2013).

38 PCA Optional Rules for Arbitration of Disputes relating to natural resources and/or the Environment, vom 19. Juni 2001, abrufbar unter: http://www.pca-cpa.org/showfile.asp?fil_id=590 (zuletzt eingesehen am 1.1.2013).

39 PCA Optional Rules for Arbitration of Disputes relating to Outer Space Activity, vom 6. Dezember 2011, abrufbar unter: http://www.pca-cpa.org/showfile.asp?fil_id=1774 (zuletzt eingesehen am 1.1.2013).

40 PCA Arbitration Rules 2012, vom 17. Dezember 2012, abrufbar unter: http://www.pca-cpa.org/showfile.asp?fil_id=2054 (zuletzt eingesehen am 1.1.2013).

Schiedshofes ihre Schiedsrichter wählen,[41] was heute nur noch ausnahmsweise der Fall ist. Die heutige Aufgabe der Mitglieder des Schiedshofs besteht primär darin, die Kandidaten für die Wahl zum IGH-Richter vorzuschlagen, Art. 4 IGH Statut.[42] Als Schiedsrichter werden heute in Verfahren vor dem PCA regelmäßig IGH Richter bestimmt.[43]

Trotzdem hat der Schiedshof zwei weitere Schiedsrichterlisten für Umwelt-[44] und Weltraumstreitigkeiten[45] in neuerer Zeit angefertigt. Diese sollen im Bereich der Umwelt- und Weltraumstreitigkeiten den Streitparteien kompetente Richter vorschlagen.

III. Die Renaissance des Ständigen Schiedshofes?

1. Gegenwärtige Inanspruchnahme des Schiedshofes

Wie anfangs erwähnt, ist der Ständige Schiedshof seit Begründung des IGH für eine sehr lange Zeit untätig geblieben. Erst in den 80er Jahren ist er wieder mit der Administration eines zwischenstaatlichen Schiedsfalls betraut worden - dem Heathrow Airport Usercharges Schiedsfall.[46] Seit den 1990er Jahren erfreut sich der PCA jedoch wieder neuer Beliebtheit. Die gegenwärtige Inanspruchnahme des Ständigen Schiedshofes soll im Folgenden kurz skizziert werden:

---

41 Art. 24 Haager Konvention von 1899 (Fn. 6) und Art. 45 Haager Konvention von 1907 (Fn. 7).

42 Art. 4 Abs. 1 IGH Statut; siehe auch *Copithorne, M.D.*, The Permanent Court of Arbitration and the Election of Members of the International Court of Justice, Canadian Yearbook of International Law [1987] 315 ff.

43 Siehe Annex 2 des PCA Jahresberichts aus dem Jahr 2012, der die bisher unter der Ägide des PCA administrierten Fälle auflistet und deren Schiedsrichter benennt; abrufbar unter: http://www.pca-cpa.org/showpage.asp?pag_id=1069 (zuletzt eingesehen am 1.1.2013).

44 PCA Specialized List of Arbitrators established pursuant to the Optional Rules for Arbitration of Disputes relating to natural resources and/or the Environment, vom 15. Juni 2011, abrufbar unter: http://www.pca-cpa.org/showfile.asp?fil_id=1110 (zuletzt eingesehen am 1.1.2013).

45 PCA Spezialized Panel of Arbitrators established pursuant to the Optional Rules for Arbitration of Disputes relating to Outer Space Activity, vom 2. Oktober 2012, abrufbar unter: http://www.pca-cpa.org/showfile.asp?fil_id=1992 (zuletzt eingesehen am 1.1.2013).

46 *Heathrow Airport User Charges (Vereinigtes Königreich v. Vereinigte Staaten von Amerika)* vom 30. November 1992, 24 UNRIAA (1993) 335; Gegenstand des Schiedsverfahrens war insbesondere die Auslegung von Art. 10 des zwischen den Parteien geschlossenen Luftverkehrsabkommens vom 23. Juli 1977 (Bermuda II), 28 UST 5367.

a) Administration zwischenstaatlicher Schiedsverfahren

Neben der beachtlichen Zunahme von gemischten Schiedsverfahren, auf die an späterer Stelle eingegangen wird, hat der PCA gerade auch im Bereich seines ursprünglich designierten Aufgabenbereichs - der Administration zwischenstaatlicher Schiedsstreitigkeiten - eine Revitalisierung erfahren. Dabei lassen sich die Streitigkeiten in gewisse Fallgruppen kategorisieren:

aa) UN Seerechtsübereinkommen

Das wichtigste Feld von Schiedsstreitigkeiten die heutzutage an den PCA überwiesen werden, ergibt sich aus dem UN Seerechtsübereinkommen (UNCLOS)[47]. In Teil XV weist das Übereinkommen eine Reihe von Streitigkeiten zur Streitbeilegung zwingend entweder dem IGH, dem Internationalen Seegerichtshof oder aber einem Schiedsgericht nach Annex VII des Seerechtsübereinkommens zu. Obwohl das UN Seerechtsübereinkommen in Annex VII keine feste Institution zur Administrierung von Schiedsverfahren vorsieht, sind viele Streitigkeiten an die Schiedsgerichtsbarkeit des Ständigen Schiedshofes verwiesen worden.

Hierunter fallen insbesondere die Schiedsfälle Mox Plant (2001)[48]; der Schiedsfall zwischen Singapur und Malaysia, wegen den Bestrebungen Singapurs zur Landgewinnung in der Meerenge von Johor (2003)[49]; der Schiedsfall zwischen Barbados und Trinidad und Tobago zur Bestimmung des Festlandsoc-

---

47 United Nations Convention of the Law of the Sea vom 10. Dezember 1982 (in Kraft seit 16. November 1994), 1833 UNTS 3 (UNCLOS).

48 Siehe insbesondere Anordnung Nr. 3 des Schiedsgerichts im *Fall Mox Plant (Irland v. Vereinigtes Königreich)* - Suspension of Proceedings on Jurisdiction and Merits, and Request for further Provisional Measures - vom 24. Juni 2003, abrufbar unter: http://www.pca-cpa.org/showfile.asp?fil_id=81 (zuletzt eingesehen am 1.1.2013), für eine Zusammenfassung des zugrunde liegenden Sachverhalts und Verfahrens; Irland rügte in diesem Verfahren insbesondere, dass das Vereinigte Königreich gegen seine Verpflichtungen zum Schutz der Meeresumwelt und somit gegen Art. 192 - 194, 207, 211 und 213 der UNCLOS Convention, 1833 UNTS 3, verstieß, indem es nicht gegen das Ableiten radioaktiven Materials - durch die Kernanlage Mox Plant - in die Irische See einschreite.

49 Award on agreed terms in the *Case concerning Land Reclamation by Singapore in and around the Straits of Johor (Malaysia v. Singapur)* vom 1. September 2005, 27 UNRIAA (2007) 133.

kels und der Ausschließlichen Wirtschaftszone (2004)[50]; und der Schiedsfall zwischen Guyana und Suriname zur Bestimmung der maritimen Grenzen zwischen beiden Ländern (2004)[51].

Derzeit sind zwei weitere UNCLOS-Schiedsverfahren am Ständigen Schiedshof in Den Haag anhängig. Zum einen der Schiedsfall zwischen Bangladesh und Indien zur Bestimmung des maritimen Grenzverlaufs zwischen beiden Ländern (2009)[52], sowie ein Schiedsfall zwischen Mauritius und dem Vereinigten Königreich wegen der Errichtung eines Meeresschutzgebietes um das Chagos-Archipel (2010)[53].

bb) Territoriale Grenzstreitigkeiten

Neben der Vielzahl von maritimen Grenzstreitigkeiten die durch die Seerechtskonvention an Schiedsgerichte unter der Ägide des Ständigen Schiedshofes verwiesen worden sind, hat der Ständige Schiedshof sich auch mit einer Reihe von territorialen Grenzstreitigkeiten befasst. Der neueste anhängige Fall in dieser Kategorie ist der Schiedsfall zwischen Kroatien und Slowenien zur Bestimmung der maritimen und territorialen Grenze zwischen beiden Ländern[54]. Der PCA übernimmt die Registratur in diesem Verfahren. Der Schiedsvertrag wurde bereits 2009 begründet. Das Schiedsgericht wurde zu Beginn des Jahres 2012 bestellt und ein erstes Treffen zwischen dem Schiedsgericht und den Streitparteien fand im April 2012 statt.

cc) Umweltstreitigkeiten

Der Ständige Schiedshof versucht seit seiner Revitalisierung gerade im Bereich des Umweltvölkerrechts als Streitbeilegungsinstitution Fuß zu fassen. Dies wird durch die Verabschiedung der Optionalen Schiedsprozessregeln für Umwelt-

---

50 Award of the Arbitral Tribunal constituted pursuant to Article 287, and in accordance with Annex VII UNCLOS in the *Matter of an Arbitration between Barbados and Trinidad and Tobago*, vom 11. April 2006, 27 UNRIAA (2007) 147.

51 Award of the Arbitral Tribunal constituted pursuant to Article 287, and in accordance with Annex VII UNCLOS in the *Matter of an Arbitration between Guyana and Suriname*, vom 17. September 2007, 47 ILM (2008), 166.

52 Offizielle Informationen des PCA, abrufbar unter: http://www.pca-cpa.org/showpage.asp?pag_id=1376 (zuletzt eingesehen am 1.1.2013).

53 Offizielle Informationen des PCA, abrufbar unter: http://www.pca-cpa.org/showpage.asp?pag_id=1429 (zuletzt eingesehen am 1.1.2013).

54 Offizielle Informationen des PCA, abrufbar unter: http://www.pca-cpa.org/showpage.asp?pag_id=1443 (zuletzt eingesehen am 1.1.2013).

streitigkeiten und die erstellte Schiedsrichterliste für Umweltstreitigkeiten verdeutlicht.[55] Die neue Schwerpunktsetzung kann durch die Schiedsfälle, die in diesem Bereich an den PCA verwiesen worden sind, bereits als Erfolg betrachtet werden.[56] Beispielsweise haben im Mai 2010 Pakistan und Indien unter Art. IX und Annex G des Indus Waters Treaty von 1960[57] ein Schiedsgericht zur Beilegung der Streitigkeit bezüglich der Anwendung des Indus Waters Treaty auf das Kishenganga Projekt errichtet.[58]

dd) Post-Konflikt-Streitigkeiten

Eine weitere Gruppe von Streitigkeiten, die an den PCA verwiesen werden, ist die höchst sensible Gruppe der Post-Konflikt Streitigkeiten. Ein erster Bezugspunkt des PCA zu dieser Fallgruppe ist bereits Anfang der 1980er Jahre geschaffen worden, indem der PCA seine Infrastruktur dem Iran-US Claims Tribunal zur Verfügung gestellt hat.[59] Unter der Administration des Ständigen Schiedshofes ist besonders das Eritrea-Ethiopia Claims Tribunal zu nennen, das durch das Abkommen von Algier[60] gegründet worden ist. Die Kommission wurde damit beauftragt, alle Ansprüche zwischen den Staaten und dessen Staatsbürgern, die sich aus dem zwischenstaatlichen Konflikt beider Länder ergeben haben, beizulegen; insbesondere sollten Ansprüche aus der Verletzung des humanitären Völ-

55 S.o. Fn. 44.

56 In die Fallgruppe der Umweltstreitigkeiten fallen insbesondere die vom PCA administrierten Schiedsfälle Rhine Chloride zwischen den Niederlande und Frankreich (Award of the *Case concerning the audit of accounts between the Netherlands and France in application of the Protocol of 25 September 1991 additional to the Convention*, vom 12. März 2004, 25 UNRIAA (2006), 267), der Schiedsfall OSPAR zwischen Irland und dem Vereinigten Königreich (Award in the *Dispute concerning Access to Information under Article 9 of the OSPAR Convention*, vom 2. Juli 2003, 42 ILM (2003) 1118) und der Schiedsfall IJzeren Rijn zwischen Belgien und den Niederlanden (Award in the *Arbitration regarding the Iron Rhine - "IJzeren Rijn" - Railway*, vom 24. Mai 2005, 27 UNRIAA (2008) 35).

57 Indus Waters Treaty zwischen Indien und Pakistan vom 19. September 1960 (in Kraft seit 1. April 1960), 419 UNTS 125 (Indus Water Treaty).

58 Offizielle Informationen des PCA, abrufbar unter: http://www.pca-cpa.org/showpage.asp?pag_id=1392 (zuletzt eingesehen am 1.1.2013).

59 Siehe hierzu *Le Cannu, Paul-Jean/Drabkin, Daniel*, Assessing the Role of the Permanent Court of Arbitration in the Peaceful Settlement of International Disputes, 28 L'observateur des Nations Unies (2009) 181 (189 f.); *van Haersolte-van Hof* (Fn. 27), 402.

60 Abkommen von Algier zwischen Äthiopien und Eritrea vom 12. Dezember 2000, abrufbar unter: http://www.pca-cpa.org/showfile.asp?fil_id=138 (zuletzt eingesehen am 1.1.2013) (Abkommen von Algier).

kerrechts und der Genfer Konventionen von 1949 geschlichtet werden.[61] Allein die Errichtung des Eritrea-Ethiopia Claims Tribunals, in diesem höchst politischen und sensiblen Bereich der Beziehungen zwischen beiden Staaten, muss als herausragende Leistung gewertet werden, und zeigt, dass die institutionalisierte Schiedsgerichtsbarkeit auch in für Staaten höchst sensiblen und politischen Bereichen als adäquates Streitbeilegungsmittel in Betracht kommt.[62]

b) Administration gemischter Schiedsverfahren

Neben der erheblichen Zunahme von zwischenstaatlichen Streitigkeiten ist es gerade der Bereich der gemischten Streitigkeiten (Streitigkeiten zwischen einem Staat und einem nichtstaatlichen Akteur), in dem der PCA eine bemerkenswerte Wiederbelebung erfahren hat.[63]

Unter diese gemischten Schiedsfälle fällt vor allem die klassische Gruppe der Investitionsschutzstreitigkeiten zwischen einem Staat und einem Investor. Obwohl in diesem Bereich das Internationale Zentrum zur Beilegung von Investitionsstreitigkeiten (ICSID) heute durchaus eine Monopolstellung einnimmt, so hat sich der Ständige Schiedshof in diesem Bereich als alternatives Forum etabliert.[64] Dies ist dem Umstand geschuldet, dass 40% der bestehenden Investiti-

61 Art. 5 Abs. 1 des Abkommens von Algier (Fn. 60); die vom Schiedsgericht erlassenen Schiedssprüche sind abrufbar unter: http://www.pca-cpa.org/showpage.asp?pag_id=1151 (zuletzt eingesehen am 1.1.2013).

62 So auch *Klein, Natalie*, Eritrea-Ethiopia Claims Commission, in: *Wolfrum, R.* (Hrsg.), The Max Planck Encyclopedia of Public International Law, Oxford 2010, abrufbar unter: www.mpepil.com (zuletzt eingesehen am 1.1.2013), Rn. 35; *Daly* (Fn. 10), 56-57.

63 Zur Erweiterung der Zuständigkeit des PCA auf gemischte Schiedsverfahren, s.o. Fn. 24/25; im Allgemeinen, siehe *Sanders, Pieter*, Private Parties and the Permanent Court of Arbitration, 6 LJIL (1993) 289 ff.; und *Crawford, James*, The Permanent Court of Arbitration and Mixed Arbitration, Remarks on the Occasion of a Celebration of the Centenary of the PCA, Den Haag, 18. Oktober 2007, abrufbar unter: www.pca-cpa.org/showfile.asp?fil_id=973 (zuletzt eingesehen am 1.1.2013); die Liste der vom PCA administrierten gemischten Schiedsverfahren ist abrufbar unter: http://www.pca-cpa.org/showpage.asp?pag_id=1029 (zuletzt eingesehen am 1.1.2013).

64 So auch *van den Berg, A.J.*, The Permanent Court of Arbitration at the Peace Palace, The Hague - A New Role for International Commercial Arbitration?, in: *Sumampouw, Mathilde/Barnhoorn, L.A.N.M./Freedberg-Swatzburg, Judith A./Tromm, J.J.M./Wade, J.A.* (Hrsg.), Law and Reality. Essays on the National and International Procedural Law in Honour of Cornelis Carel Albert Voskuil, Dordrecht/Boston/London 1992, 19 ff.; für ein Schaubild der zunehmenden Administration von Investitionsschutzstreitigkeiten durch den PCA, siehe *Le Cannu, Paul-Jean/Drabkin, Daniel*, Assessing the Role of the Permanent Court of Arbitration in the Peaceful Settlement of International Disputes, 28 L'observateur des Nations Unies (2009) 181 (192).

onsschutzabkommen nicht den Zuständigkeitsvoraussetzungen von ICSID genügen.[65]

Neben der klassischen Fallgruppe der Investitionsschutzstreitigkeit hat sich der Ständige Schiedshof jedoch auch generell für Streitigkeiten zwischen einem Staat und einem nichtstaatlichen Akteur, in denen großteils oder gänzlich das allgemeine Völkerrecht als Rechtsgrundlage dient, als Schiedsforum einen Namen verschafft. Beispielhaft sind hier der Eurotunnel-Schiedsfall zwischen Frankreich und dem Vereinigten Königreich,[66] der Schiedsfall Larsen gegen das Hawaiiansche Königreich[67] und der Bank für Internationalen Zahlungsausfall-Schiedsfall,[68] zu nennen.

2. Universelle Akzeptanz als Streitbeilegungsinstitution

Zusammenfassend lässt sich also sagen, dass der Ständige Schiedshof insbesondere durch die steigende Zahl von zwischenstaatlichen und gemischten Schiedsverfahren eine größer werdende Wahrnehmung erfährt und an Akzeptanz als Streitbeilegungsinstitution gewonnen hat.

Zu Beginn seiner Tätigkeit ist der Ständige Schiedshof häufig dafür kritisiert worden, dass er gerade von der Akzeptanz der westlichen Staaten getragen werde. Die neuere Wiederbelebung des Schiedshofes stützt sich jedoch insbesondere darauf, dass Entwicklungs- und Schwellenländer sowie Länder aus dem afrikanischen, osteuropäischen und asiatischem Raum diese Institution für sich entdeckt haben.[69] Beachtet man die Streitbeteiligten der seit der Wiederbelebung

---

65 *Crawford* (Fn. 63), 5.

66 PCA, Arbitral Tribunals Award in the *Matter of an Arbitration before a Tribunal Constituted in Accordance with Article 19 of the Treaty between the French Republic and the United Kingdom of Great Britain and Northern Ireland concerning the Construction and Operation by Private Concessionaires of a Channel Fixed Link signed at Canterbury on 12 February 1986*, vom 30. Januar 2007, ILR (2007) 1.

67 PCA, *Larsen v. Hawaiian Kingdom* Arbitration Award, vom 5. Februar 2001, abrufbar unter: http://www.pca-cpa.org/showfile.asp?fil_id=455 (zuletzt eingesehen am 1.1.2013).

68 PCA, *Partial Award on the Lawfulness of the Recall of the Privately Held Shares on 8 January 2001 and the Applicable Standards of Those Shares*, vom 22. November 2002, 23 UNRIAA (2002) 153; PCA, Final Award on the *Claims for Compensation for the Shares Formerly held by the Claimants, Interests Due Thereon, and Costs of the Arbitration and on the Counterclaim of the Bank against First Eagle Sogan Funds, Inc.*, vom 19. September 2003, 23 UNRIAA (2003) 252.

69 Diese Ansicht wurde durch die Rede des Botschafters der Republik Suriname im Auftrag der lateinamerikanischen und karibischen Mitgliedstaaten (abgedruckt in: *PCA* (Hrsg.), International Alternative Dispute Resolution: Past, Present and Future. The Permanent

des PCA entschiedenen Schiedsfälle, so sind viele Streitparteien den Entwicklungs- und Schwellenländern zuzurechnen. Weiterhin sind gerade solche Länder der Konvention von 1907 in den letzten Jahren beigetreten; zu den neuesten zählen Bahrain (2002), die Vereinigten Arabischen Emirate (2008), die Philippinen (2010), Ruanda (2011), Albanien (2011) Vietnam (2011) und Bangladesh (2012). Die Konvention zählt somit heute 115 Mitglieder.[70]

3. *Die Renaissance des Ständigen Schiedshofes*

Als Zwischenergebnis lässt sich festhalten, dass der Ständige Schiedshof eine Renaissance erfährt. Mit bereits 15 administrierten Schiedsfällen und 5 anhängigen zwischenstaatlichen Schiedsverfahren seit seiner Wiedergeburt in den 1990er Jahren übertrifft der Ständige Schiedshof in Den Haag selbst sein Goldenes Zeitalter zu Anfang des letzten Jahrhunderts. Durch die Administration gemischter Schiedsverfahren hat der Ständige Schiedshof sein Tätigkeitsfeld erweitert und sich ein beachtliches zweites Standbein geschaffen. Durch die große Zahl der anhängigen Streitigkeiten in beiden Bereichen, ist ein Abklingen dieser Renaissance momentan nicht ersichtlich.

IV. Gründe für die Renaissance des Schiedshofes

Mit der Schlussfolgerung des Bestehens einer Renaissance des Ständigen Schiedshofes ist jedoch zwingend die Frage verbunden, wieso der Ständige Schiedshof neue Beliebtheit genießt.

Zum einen ist dies dem völkerrechtsfreundlichen Umfeld, das mit dem Ende des Kalten Krieges und der Globalisierung gefördert worden ist, geschuldet.[71]

Court of Arbitration Centennial Papers, Den Haag 2000, 3 ff.) auf der Sitzung des PCA Verwaltungsrates zum hundertjährigen Bestehen des PCA, am 8. April 1999 in Den Haag, untermauert; siehe auch *Schwarzenberger, Georg*, Present-Day Relevance of The Hague Peace System, Yearbook of World Affairs [1980], 329 ff.; die Relevanz des PCA in der indischen Vertragspraxis wird von *Daly, Brooks*, The Permanent Court of Arbitration in Indian Treaties: Its Role, Potential Procedural Problems and Drafting Solutions, 47 Indian Journal of International Law (2007) 285 ff., herausgestellt.

70 Die Liste der Mitgliedstaaten des PCA ist abrufbar unter: http://www.pca-cpa.org/showpage.asp?pag_id=1038 (zuletzt eingesehen am 1.1.2013).

71 *Peck, Connie*, The United Nations as a dispute settlement system. Improving Mechanisms for the prevention and resolution of conflict, Den Haag/London/Boston 1996, 6 ff.; *Guillaume, Gilbert*, The Future of International Judicial Institutions, 44 ICLQ (1995) 848 (849).

Staaten sind mehr denn je abhängig voneinander und stehen unter dem Zugzwang, in ihren Beziehungen objektive und vorhersehbare Regeln zu schaffen, um in dem Wettbewerb der Märkte bestehen zu können. Dieses Umfeld führt zwangsweise zu einer Zunahme von rechtlichen Streitbeilegungsmechanismen im Völkerrecht. Denn rechtliche Mittel der Streitbeilegung liefern im Gegensatz zu den diplomatischen Mitteln der Streitbeilegung objektive und transparente Entscheidungen.[72] Deshalb kann heute im Allgemeinen eine Zunahme der rechtlichen Mittel der Streitbeilegung beobachtet werden.

Dies allein beantwortet jedoch noch nicht die Frage, weshalb gerade die institutionalisierte Schiedsgerichtsbarkeit unter der Ägide des Ständigen Schiedshofs neuen Aufwind erlebt. Dies ist vielmehr dem Umstand geschuldet, dass die Staaten zum einen die Vorteile der institutionalisierten Schiedsgerichtsbarkeit wiederentdeckt haben.

Zum anderen zeigen die Maßnahmen zur Neuausrichtung des Ständigen Schiedshofs, die zum hundertjährigen Bestehen des PCA vorgenommen wurden, heute ihre Wirkung.

1. Vorzüge der institutionalisierten Schiedsgerichtsbarkeit

Wesentlicher Grund für die Renaissance des PCA sind die Vorzüge der institutionalisierten Schiedsgerichtsbarkeit unter der Ägide des Ständigen Schiedshofes. Viele der Vorteile liegen bereits in den Vorzügen der Schiedsgerichtsbarkeit gegenüber internationalen Gerichten an sich. Auch wenn der Schiedsgerichtsbarkeit gewisse Schwächen nachgesagt werden, wie z. B. die Gefahr der Verzögerung des Verfahrens oder das Scheitern des Schiedsverfahrens, so werden diese beim PCA durch die Institutionalisierung des Ständigen Schiedshofes größtenteils kompensiert.

---

72 *Cede, Franz*, The Settlement of International Disputes by Legal Means - Arbitration and Judicial Dispute Settlement, in: *Bercovitch, Jacob/Kremenyuk, Victor/Zartmann, William I.* (Hrsg.), The SAGE Handbook of Conflict Resolution, Los Angeles/London/Neu Dheli 2009, 258 (369); Böckstiegel, Karl-Heinz, The Role of Arbitration within Today`s Challenges to the World Community and to International Law, 22 Arbitration International (2006) 165 (166 f.); *Vicuña, Fransisco O.*, International Dispute Settlement in an Evolving Global Society. Constitutionalization, Accessibility, Privatization, Cambridge 2004, 102; *Pellet, Alain*, Judicial Settlement of International Disputes, in: *Wolfrum, R.* (Hrsg.), The Max Planck Encyclopedia of Public International Law, Oxford 2010, abrufbar unter: www.mpepil.com (zuletzt eingesehen am 1.1.2013), Rn. 63.

a) Flexibilität

Das stark ausgeprägte Konsensprinzip in der internationalen Schiedsgerichtsbarkeit[73] macht diesen Mechanismus gegenüber internationalen Gerichten wie dem IGH weitaus flexibler.[74] Da die Parteien die Zuständigkeit, das Schiedsverfahren und die Urteilsgrundlage selbst festlegen,[75] können alle möglichen Arten von Verfahren an die Schiedsgerichtsbarkeit verwiesen werden. Gerade in einer Zeit, in der sich das Völkerrecht im Wandel befindet, ist diese Flexibilität von großem Vorteil.

aa) Flexible Zuständigkeiten

Die drastische Zunahme von gemischten Schiedsgerichtsfällen vor dem ständigen Schiedshof spiegelt auf prozessualer Ebene wieder, was sich im materiellen Völkerrecht schon seit einer ganzen Weile in der Entwicklung befindet. Neben Staaten spielen nichtstaatliche Akteure eine immer wichtiger werdende Rolle.[76] Internationale Organisationen sind heute bereits zentrale Akteure auf internationaler Ebene.[77] Aber auch Individuen, wie multinationale Unternehmen werden mit völkerrechtlichen Rechten und Pflichten ausgestattet.[78] Für alle diese neuen Rechtsbeziehungen fehlt es den meisten internationalen Gerichten, insbesondere

---

73 S.o. Fn. 9.

74 So auch: *Gray, Christine/Kingsbury, Benedict,* Developments in Dispute-Settlement: Inter-State Arbitration since 1945, BYIL (1992) 97 (99); *Johnson, D.H.N.*, International Arbitration Back in favour?, Yearbook of World Affairs [1980] 304 (311 ff.); *Lutz, Robert E.*, The World Court in a Changing World: An Agenda for Expanding the Court's Role from a U.S. Perspective, 27 Stanford Journal of International Law (1990) 265 (331 ff.).

75 S.o. II.1.

76 *Pak, Chi Young*, The Changing Role of International Law in World Society, in: *United Nations* (Hrsg.), International Law as a Language for International Relations, Den Haag/London/Boston 1996, 390 (391 f.); *Vicuña* (Fn. 72), 5 f., 29 f., 48 ff. und 63 ff.; *Bianchi, Andrea*, The Fight for Inclusion: Non-State Actors and International Law, in: *Fastenrath, Ulrich/Geiger, Rudolf/Khan, Daniel-Erasmus/Paulus, Andreas/von Schorlemer, Sabine/Vedder, Christoph* (Hrsg.), From Bilateralism to Community Interest, Oxford 2011, 39 ff.

77 *Schmalenbach, Kirsten*, International Organizations or Institutions, General Aspects, in: *Wolfrum, R.* (Hrsg.), The Max Planck Encyclopedia of Public International Law, Oxford 2010, abrufbar unter: www.mpepil.com (zuletzt eingesehen am 1.1.2013), Rn. 15 ff.

78 *Wagner, Markus*, Non-State Actors, in: *Wolfrum, R.* (Hrsg.), The Max Planck Encyclopedia of Public International Law, Oxford 2010, abrufbar unter: www.mpepil.com (zuletzt eingesehen am 1.1.2013), Rn. 1 ff.

dem IGH, an der Zuständigkeit, da sie größtenteils auf die Lösung zwischenstaatlicher Streitigkeiten ausgerichtet sind.[79]

Somit besteht in Rechtsgebieten, in denen gerade zunehmend nichtstaatliche Akteure eine Rolle spielen, heute oftmals nur die Möglichkeit, rechtliche Streitigkeiten an ein internationales Schiedsgericht zu verweisen.[80]

bb) Flexible Zusammensetzung des Gerichts und Verfahrensregeln

Die Flexibilität der Schiedsgerichtsbarkeit kann nicht nur an dem Kriterium der Zuständigkeit festgemacht werden, sondern auch in der Zusammensetzung des Gerichts und der anzuwendenden Verfahrensregeln. In einem Schiedsverfahren können die Streitparteien die Verfahrensregeln passgenau auf die jeweilige Streitigkeit anwenden. Internationale Gerichte wie der IGH müssen mit ihren vorgegebenen Verfahrensregeln das ganze Spektrum möglicher Streitigkeiten abdecken und sind zumeist nur mit Juristen besetzt.

Dies kann gerade in höchst technischen Verfahren, in denen die Entscheidungsgrundlage in der Anwendung technischer Maßstäbe liegt, zu Schwierigkeiten führen. Hierauf haben Prof. Simma und Richter Al-Khasawneh in ihrer Dissenting Opinion im Pulp Mills Fall bereits aufmerksam gemacht.[81] Diese von technischen Maßstäben charakterisierten Streitigkeiten, kommen heute insbesondere zunehmend im Umweltvölkerrecht vor.[82]

Die internationale Schiedsgerichtsbarkeit kann auf diese Sachverhalte durch abgestimmte Verfahrensregeln und die teilweise Benennung von Nicht-Juristen als Schiedsrichter flexibel reagieren. In der Tat sieht dies zum Beispiel der Indus

---

79 Nur Staaten können nach Art. 34 IGH Statut vor dem IGH klagen und verklagt werden; diese Schwäche wurde bereits von vielen Autoren kritisiert und als reformbedürftig herausgestellt; so etwa *Jenks, Willfried C.*, The Prospects of International Adjudication, London/New York 1964, 4 f. und 185 ff.; *Jennings, Robert Y.*, The Progress of International Law, 34 BYIL (1958) 334 (337 ff.); *Guillaume, Gilbert*, The Future of International Judicial Institutions, 44 ICLQ (1995) 848 (853).

80 Insbesondere in dem Feld der gemischten Schiedsgerichte, s.o. IV.1.a)aa).

81 IGH, *Pulp Mills on the River Uruguay (Argentinien v. Uruguay)* (Joint Dissenting Opinion of Judges Al-Khasawneh and Simma), abrufbar unter: http://www.icj-cij.org/docket/files/135/15879.pdf (zuletzt eingesehen am 1.1.2013), Rn. 2 ff.

82 Siehe hierzu etwa *Boyle, Alan*, Environmental Disputes, in: *Wolfrum, R.* (Hrsg.), The Max Planck Encyclopedia of Public International Law, Oxford 2010, abrufbar unter: www.mpepil.com (zuletzt eingesehen am 1.1.2013), Rn. 11 ff.; *Ohlhoff, Stefan*, Methoden der Konfliktbewältigung bei grenzüberschreitenden Umweltproblemen im Wandel. Überwindung der Grenzen herkömmlicher Streitbeilegung durch systeminterne Flexibilität und systeminterne Innovation, Berlin/New York 2003, 247.

Waters Treaty in seinen Bestimmungen zur Errichtung des Schiedsgerichts vor.[83] Die flexible Anpassungsfähigkeit der Schiedsgerichtsbarkeit an solche technischen Streitigkeiten erklärt den Zuwachs an Schiedsfällen in sehr technischen Bereichen des Völkerrechts, wie zum Beispiel dem Umweltvölkerrecht.[84]

b) Beständigkeit trotz Flexibilität

Dieses hohe Maß an Flexibilität bringt bei der Schiedsgerichtsbarkeit allerdings oftmals Nachteile mit sich. Die wesentliche Schwäche der Schiedsgerichtsbarkeit liegt in ihrer Grundform darin, dass durch die strikte Einhaltung des Konsensprinzips, die Streitparteien nicht funktionierende Verfahrensregelungen festlegen oder sich auf den Verfahrensablauf nicht einigen können.[85] Wenn die Streitparteien hingegen eine Streitigkeit einem internationalen Gericht überweisen, können Sie sicher gehen, dass die Mechanismen der angerufenen Institution funktionieren und der Streitfall zu einem Ergebnis kommen wird.[86] Die Anfälligkeit der Schiedsgerichtsbarkeit für Verzögerungen oder sogar das Scheitern des Schiedsverfahrens wird jedoch durch die Expertise des Ständigen Schiedshofs und der durch ihn angebotenen Dienste teilweise kompensiert.

Den Delegierten der Haager Friedenskonferenzen ist es gelungen, durch die Zwitterstellung des Schiedshofes[87] eine Institution zu schaffen, die die Vorzüge beider Welten, die der Schiedsgerichtsbarkeit und die der gerichtlichen Streitbeilegung, vereint: zum einen die Wahrung der Parteiautonomie und Flexibilität der Schiedsgerichtsbarkeit und zum anderen die Beständigkeit und Sicherheit die

---

83 Annex G Sect. 4 (b) (iii) des Indus Water Treaty (Fn. 57) vom 19. September 1960 (in Kraft seit 1. April 1960); einer der Schiedsrichter in der Kishenganga Arbitration (s.o. II.1.a)cc)) ist sogar ein Ingenieur, offizielle Information des PCA, abrufbar unter: http://www.pca-cpa.org/showpage.asp?pag_id=1392 (zuletzt eingesehen am 1.1.2013).

84 S.o. Fn. 38 und 55.

85 *Simmonds, Kenneth R./Lapidoth, Ruth/Baade, Hans W.*, Public International Arbitration, 22 Texas International Law Journal (1987) 149 (151); weitere Schwächen der isolierten ad hoc Schiedsgerichtsbarkeit ist die Einbuße des nach jedem Schiedsverfahrens erlangten Fachwissens und das damit verbundene Erschwernis, eine umfassende Spruchpraxis aufzubauen; *Posner, Eric A.*, Diplomacy, Arbitration, and International Courts, in: *Baudenbacher, Carl/Busek, Erhard* (Hrsg.), The Role of International Courts, Stuttgart 2008, 51 (56); weiterhin kann die Zusammensetzung eines ad hoc Schiedsgerichts sehr zeitintensiv sein.

86 Siehe hierzu im Allgemeinen auch *Vicuña* (Fn. 11), 297 ff.

87 Der PCA stellt feste Streitbeilegungsstrukturen den Streitparteien zur Verfügung. die Parteien müssen aber nicht auf diese zurückgreifen und können sie nach ihrem Belieben für den jeweiligen Fall modifizieren; s.o. II.2.b).

mit der Durchführung von Streitigkeiten vor einem internationalen Gericht verbunden sind.

c) Vertrauensschaffender Streitbeilegungsmechanismus

Das ausgewogene Maß an Institutionalisierung, das die Struktur des Ständigen Schiedshofes mit sich bringt,[88] sowie die strikte Beachtung der Parteiautonomie durch die Schiedsgerichtsbarkeit,[89] fördern die Vertrauensbildung der Streitparteien in die institutionalisierte Schiedsgerichtsbarkeit unter dem Ständigen Schiedshof.

Dieses vertrauensschaffende Element kann in der institutionalisierten Schiedsgerichtsbarkeit auch weiter ausgeprägt sein, als vor einem internationalen Gericht. Wenn sich die Parteien etwa entscheiden einen Fall dem IGH zu übertragen, akzeptieren sie gleichzeitig auch dessen besetzte Richterbank, Struktur, Verfahren und Grundlage der Entscheidungsfindung. Indem die Schiedsgerichtsbarkeit und der Ständige Schiedshof all diese Punkte zur Disposition der Streitparteien stellen,[90] wird das von den Parteien erschaffene Schiedsgericht eher zu „Ihrem" Schiedsgericht und bleibt kein Fremdkörper mit vorgegebenen Verfahrensregeln, Strukturen und Entscheidungsgrundlagen.

Das Element der Vertrauensschaffung kann somit ein Kriterium für die Erwägungen der Streitparteien sein, ob sie eine Streitigkeit überhaupt einem rechtlichen Mittel der Streitbeilegung zuführen. Da das Kriterium der Vertrauensschaffung in der Sichtweise der Staaten oftmals in der Schiedsgerichtsbarkeit stärker ausgeprägt ist als in einem Internationalen Gericht, ist es möglich, dass auch politisch sensiblere Streitigkeiten zumindest der internationalen Schiedsgerichtsbarkeit zur Streitbeilegung zugewiesen werden, bevor eine Abkehr zu diplomatischen Mitteln der Streitbeilegung erfolgt. Ein gutes Beispiel hierfür ist die oben erwähnte Eritrea-Ethiopia Claims Commission.[91]

2. Eingeleitete Maßnahmen zur Neuausrichtung des Ständigen Schiedshofes

Im Vorfeld zu den Feierlichkeiten des hundertjährigen Bestehens des Ständigen Schiedshofes im Jahr 1999 wurde auf Initiative des damaligen Generalsekretärs eine Arbeitsgruppe eingesetzt, um Vorschläge zur Wiederbelebung des Ständi-

---

88 S.o. IV.1.
89 S.o. II.1.
90 S.o. II.2.
91 S.o. III.1.dd).

gen Schiedshofes zu erstellen.[92] Die Expertengruppe kam zu dem Ergebnis, dass die Modernisierung der Verfahrensregelungen und die Verabschiedung neuer Verfahrensregeln für Streitigkeiten zwischen Staaten und nichtstaatlichen Akteuren sowie für Streitigkeiten in technischen Bereichen des Völkerrechts, einen wesentlichen Beitrag zur Neuausrichtung leisten würden.[93] Damit hat die Expertengruppe die oben genannten Vorteile erkannt. Durch die Verabschiedung der Optionalen Schiedsprozessregeln wird den Staaten verdeutlicht, welche flexiblen Möglichkeiten der Ständige Schiedshof als Streitschlichtungsorganisation bietet und hat damit einen wesentlichen Beitrag zur Renaissance des PCA geleistet. Heute wird zunehmend auf die Optionalen Schiedsregeln des PCA zurückgegriffen.[94] Die Feierlichkeiten zum hundertjährigen Bestehen des Schiedshofs haben darüber hinaus weitere wichtige Modifizierungen in der Struktur des Ständigen Schiedshofs bewirkt die hier nur stichpunktartig wiedergegeben werden können:

- die Ausbreitung der Dienste des Ständigen Schiedshofes in andere Gastländer, um auch außerhalb Den Haags Streitparteien ein räumliches Forum zur Streitbeilegung zur Verfügung zu stellen. Solche Gaststaatenabkommen hat der Ständige Schiedshof mit Argentinien, Costa Rica, dem Libanon, Mauritius, Singapur, Südafrika und Indien geschlossen;[95]
- die Erschaffung eines finanziellen Hilfsfonds; insbesondere ist für Entwicklungsländer und Schwellenländer der Rückgriff auf die Schiedsgerichtsbarkeit mit erheblichen Kosten verbunden.[96] Der Hilfsfond soll solche Länder bei der Tragung der Kosten für das Schiedsverfahren unterstützen. In dem Abyei Schiedsfall hat der Fonds beispielsweise eine wichtige Rolle gespielt;[97]

---

92 Siehe hierzu, *Permanent Court of Arbitration* (Hrsg.), The Permanent Court of Arbitration - New Directions. Working Group on Improving the Functioning of the Court - Peace Palace, The Hague, Den Haag 1991, 2 (7).

93 *Permanent Court of Arbitration* (Fn. 92), 8.

94 S.o. III.

95 Abrufbar unter: http://www.pca-cpa.org/showpage.asp?pag_id=1280 (zuletzt eingesehen am 11.01.2013).

96 Siehe Permanent Court of Arbitration Financial Assistance Fund for Settlement of International Disputes Terms of Reference and Guidelines, as approved by the Administrative Council on 11 December 1995 (Guidelines of the PCA Financial Assistance Fund), abrufbar unter: http://www.pca-cpa.org/showpage.asp?pag_id=1191 (zuletzt eingesehen am 14.01.2013).

97 Siehe PCA's Annual Report of 2009, Rn. 27, abrufbar unter http://www.pca-cpa.org/showpage.asp?pag_id=1069 (zuletzt eingesehen am 14.01.2013).

- die Vernetzung mit anderen Streitbeilegungsinstituten; so besteht zum Beispiel zwischen ICSID und dem Ständigen Schiedshof eine Vereinbarung, dass Schiedsgerichte unter der Ägide von ICSID die Einrichtungen des Ständigen Schiedshofes benutzen können.

V. Ergebnis und Ausblick: der Ständige Schiedshof als flexible Streitbeilegungsinstitution im modernen Völkerrecht

Der Ständige Schiedshof erlebt momentan eine Renaissance als Institution zur Beilegung zwischenstaatlicher, aber auch gemischter Streitigkeiten.

Obwohl der Ständige Schiedshof die älteste existierende Institution zur Beilegung von Streitigkeiten ist, präsentiert er sich heute als sehr modernes und flexibles Forum zur Beilegung von Streitigkeiten, das auf die neuesten Entwicklungen im Völkerrecht sehr dynamisch und agil reagieren kann. Genau in dieser Flexibilität liegt der Hauptgrund für die Renaissance des Ständigen Schiedshofes in Den Haag.

Speziell in Bereichen, in denen das Völkerrecht nichtstaatliche Akteure in seinen Wirkungskreis einbezieht, stellt der Ständige Schiedshof bis dato die einzige universelle Institution zur Beilegung von Streitigkeiten, die sich aus diesen Rechtsbeziehungen ergeben können, dar. Gerade das Umweltvölkerrecht, [98] aber auch das internationale Arbeitsrecht[99] sind hier potentielle Gebiete, in denen der Ständige Schiedshof in Zukunft an Bedeutung gewinnen kann.

---

98 *Vicuña, Francisco O./Pinto Christopher*, Peaceful Settlement of Disputes. Prospects for the 21st Century. Revised report prepared for the Cenntennial of the First International Peace Conference, in: *Karlshoven, Frits* (Hrsg.), The Centennial of the First International Peace Conference. Reports and Conclusions, The Hague/London/Boston 2003, 15 f.; *Murphy, Sean D.*, Does the World need a new International Environmental Court?, 32 GWJILE (2000) 333 ff.; *Wu, Charles Qiong*, A Unified Forum? The New Arbitration Rules for Environmental Disputes under the Permanent Court of Arbitration, 3 Chicago Journal of International Law (2003) 263 ff.; *Vespa, Matthew*, An Alternative to an International Environmental Court? The PCA's Optional Arbitration Rules for Natural Resources and/or the Environment, 2 The Law and Practice of International Courts and Tribunals (2003) 295 (305 ff.).

99 *Zack, Arnold M.*, ADR and the Settlement of International Labor Disputes: A Proposal for Conciliation Through the Permanent Court of Arbitration, in: *International Bureau of the Permanent Court of Arbitration* (Hrsg.), Labor Law beyond Borders: ADR and the Internationalization of Labor Dispute Settlement. Papers emanating from the fifth PCA International Law Seminar, Den Haag/London/New York 2003, 125 (129 ff.); *Booth, Cherie Q. C.*, Keynote Adress, in: *International Bureau of the Permanent Court of Arbitration* (Hrsg.), Labor Law beyond Borders: ADR and the Internationalization of Labor

Als vertrauenschaffendes Mittel zur rechtlichen Streitbeilegung kann sich der Ständige Schiedshof in Zukunft auch auf die Lösung von Post-Konflikt Streitigkeiten, die oftmals Individuen in die Zuständigkeiten des Schiedsgerichts einbeziehen und als Massenklageverfahren ausgestaltet sind, spezialisieren.[100] Der Ständige Schiedshof hat hier bereits Expertise durch die Administrierung des Iran-US Claims Tribunals und der Eritrea-Ethiopia Claims Commission gesammelt.[101]

Auch in sehr technischen Bereichen des Völkerrechts kann die institutionalisierte Schiedsgerichtsbarkeit des PCA durch die flexiblen Anpassungsmöglichkeiten der Verfahrensregeln und durch die vielseitig variierbare Zusammensetzung der Schiedstribunale von großem Wert sein. Im Rahmen der umweltvölkerrechtlichen Streitbeilegung hat sich der Ständige Schiedshof bereits ein festes Standbein verschafft.[102] Im Bereich der technischen Streitigkeiten kann der Schiedshof in Zukunft seine Tätigkeit auch in neu aufkommende Gebiete erweitern. Der Erlass der Optionalen Schiedsregeln für Weltraumstreitigkeiten weist hier den Weg. Auch im Bereich der in Zukunft wichtiger werdenden internationalen Wasserstreitigkeiten[103] und Streitigkeiten für die Beilegung von Staatsschulden könnte der Ständige Schiedshof als potentielles Forum in Betracht kommen. Die Niederländische Regierung hat jüngst den PCA als Forum zur Beilegung von Staatsschuldenstreitigkeiten vorgeschlagen.[104]

Dispute Settlement. Papers emanating from the fifth PCA International Law Seminar, Den Haag/London/New York 2003, 21 ff.

100 Zu diesem Thema insbesondere: *Permanent Court of Arbitration* (Hrsg.), Institutional and Procedural Aspects of Mass Claims Settlement Systems, Den Haag/London/Boston 2000.

101 S.o. III.1.dd); vgl. auch *Waibel, Michael*, Sovereign Defaults before International Courts and Tribunals, Cambridge 2011, 187 ff.

102 S.o. III.1.cc).

103 So wurden beispielsweise bereits die Optionalen Verfahrensregeln für Umweltstreitigkeiten des PCA in das "Protocol on Liability and Compensation for Damages resulting from trans-boundary effects of industrial accidents on trans-boundary Waters" vom 21 Mai 2003 übernommen, abrufbar unter: http://www.unece.org/fileadmin/DAM/env/civil-liability/documents/protocol_e.pdf (zuletzt eingesehen am 03. 05. 2012).

104 Siehe *Kaiser, Jürgen*, Resolving Sovereign Debt Crises. Towards a Fair and Transparent International Insolvency Framework, 20 (26 f), abrufbar unter: http://library.fes.de/pdf-files/iez/07497.pdf (zuletzt eingesehen am 12.02.2012).

Teil II: Aktuelles aus der Völkerrechtspraxis

Die Erklärung von Brighton – ein weiterer Schritt in den Bemühungen um eine Reform des Europäischen Menschenrechtsgerichtshofs

*Helmut Tichy**

Ich hatte schon vor einem Jahr Gelegenheit, dem Österreichischen Völkerrechtstag, damals in Mondsee, über die aktuellen Entwicklungen bei den Bemühungen um eine Reform des Europäischen Menschenrechtsgerichtshofs (EGMR) zu berichten. Nun liegt, ganz aktuell, eine „Erklärung von Brighton" vor, die am 20. April 2012 angenommen wurde und die sieben mehr oder weniger konkrete Änderungen der Europäischen Menschenrechtskonvention (EMRK) in Aussicht nimmt.

Nur kurz zur Vorgeschichte: Der EGMR ist seit vielen Jahren überlastet, man sprach bis vor kurzem von 150.000 anhängigen Verfahren. Die durch das EMRK-Protokoll Nr. 14 aus 2004, das aber erst 2010 in Kraft getreten ist, eingeleiteten, aber noch nicht abgeschlossenen Reformbemühungen werden von vielen Mitgliedstaaten des Europarats als nicht ausreichend betrachtet. Daher wurde 2010 und 2011 mit Konferenzen in Interlaken und Izmir ein neuerlicher EGMR-Reformprozess eingeleitet bzw. fortgesetzt. Dieser hat nun unter dem britischen Vorsitz im Ministerkomitee des Europarats bei einer weiteren Konferenz, die vom 18. bis 20. April 2012 in Brighton stattfand, zu einem hier berichtenswerten Ergebnis geführt.

---

* Botschafter Dr. Helmut Tichy, Leiter des Völkerrechtsbüros, BMeiA.

I. Die Erklärung von Brighton

Natürlich ist die im Konsensweg angenommene Erklärung von Brighton nur ein politisches Dokument, dessen auf eine Änderung der EMRK abzielende Bestimmungen meist noch der Ausverhandlung in den Gremien des Europarats bedürfen. Für Österreich ist dies auch deshalb von besonderem Interesse, weil die Erklärung dafür einen Zeitraum „bis Ende 2013" vorsieht, der genau während des künftigen österreichischen Vorsitzes im Ministerkomitee des Europarats von November 2013 bis Mai 2014 endet. Die Fertigstellung der neuen Vertragsbestimmungen im Rahmen von – wie noch zu zeigen sein wird – wahrscheinlich zwei Protokollen zur EMRK, wohl den Protokollen Nr. 15 und 16 – wird daher zu den Hauptaufgaben unseres Europaratsvorsitzes gehören.

Die Erklärung von Brighton, ein zehnseitiges Dokument mit 39 Punkten, enthält auch eine Reihe von Aufforderungen an die Mitgliedstaaten des Europarats und an den EGMR, die auf keine Vertragsänderung abzielen, insbesondere hinsichtlich einer Verbesserung der Einhaltung der EMRK durch die Vertragsstaaten, der Behandlung offensichtlich unbegründeter Beschwerden durch den EGMR und einer wirkungsvolleren Kontrolle der Umsetzung der EGMR-Urteile durch das Ministerkomitee des Europarats. Außerdem nimmt die Erklärung eine Überprüfung der Effizienz der ergriffenen Reformmaßnahmen und allfällige künftige Entscheidungen über weitere Reformen in Aussicht. Von Interesse ist auch, dass verschiedene Reformvorschläge, die bei den früheren Reformkonferenzen eine Rolle gespielt haben, wie z.B. die Einführung von Gerichtsgebühren oder des Anwaltszwangs, mangels Aussicht auf Konsensannahme nicht in die Erklärung aufgenommen wurden.

II. Vorgeschlagene Änderungen der EMRK

Ich möchte mich hier nun auf die künftigen Änderungen der EMRK konzentrieren, die die Erklärung von Brighton in Aussicht nimmt, sowie auf zwei weitere Punkte, die nicht zuletzt durch den Widerstand Österreichs im Rahmen des Verhandlungsprozesses über die künftige Erklärung verhindert werden konnten.

Der Verhandlungsprozess fand zunächst im Lenkungsausschuss „Menschenrechte" des Europarats statt, von Kennern CDDH, also Comité directeur pour les droits de l'Homme genannt, in dem Österreich durch Frau Ministerialrätin Dr. Brigitte Ohms vom Bundeskanzleramt vertreten wird, und anschließend insbesondere in einem „Rapporteursgruppe EGMR-Reform" genannten Ausschuss des Ministerdelegiertenkomitees des Europarats, dem unser Botschafter in Straßburg, Dr. Thomas Hajnóczi, und in seiner Vertretung Botschaftssekretär

Mag. Stephan Rutkowski angehörten. Zu Verhandlungen in Brighton selbst, auf die ich mich gründlich vorbereitet habe, ließ es der britische Vorsitz gar nicht kommen, indem er ca. eine Woche vor Konferenzbeginn auf einige, bis zu diesem Zeitpunkt mit großem politischen und Mediendruck verfolgte Punkte verzichtete und so die rechtzeitige Ausarbeitung eines Konsensdokuments noch in Straßburg ermöglichte.

Österreich hat zu den ersten vom Vereinigten Königreich vorgelegten Erklärungsentwürfen sehr kritisch und zu sehr vielen Punkten Stellung genommen; grundsätzlich vertraten wir die Auffassung, dass zunächst die Auswirkungen des durch EMRK-Protokoll Nr. 14 eingeleiteten Reformprozesses abgewartet werden sollten, bevor weitere Änderungen der EMRK überlegt werden. Immerhin kann eines der zentralen Reformelemente des Protokolls Nr. 14, das „neue Zulässigkeitskriterium" des Art. 35 Abs. 3 lit. b EMRK, das die Zurückweisung von Fällen ermöglicht, in denen dem Beschwerdeführer kein erheblicher Nachteil entstanden ist, seine volle Wirkung erst ab dem 1. Juni 2012 entfalten. Bis dahin ist aufgrund einer Übergangsregelung[1] die Entscheidung über die Heranziehung dieses neuen Zulässigkeitskriteriums den Kammern des EGMR vorbehalten und kann nicht von Einzelrichtern ausgeübt werden.

Zu dieser Skepsis hinsichtlich weiterer EMRK-Änderungen kamen die beachtlichen internen Reformbemühungen, die der EGMR selbst in Umsetzung des Protokolls Nr. 14, aber auch inspiriert durch die Reformkonferenzen von Interlaken und Izmir unternommen hat. So wies der EGMR im Verhandlungsprozess insbesondere darauf hin, dass er die durch Protokoll Nr. 14 geschaffene Möglichkeit der Einzelrichterentscheidung zum Filtern offensichtlich unbegründeter Fälle voll genützt und dass er 2011 in 47.000 Fällen Unzulässigkeitsentscheidungen getroffen hat, eine Vorgangsweise, die, konsequent fortgesetzt, dazu beitragen wird, die anhängigen Fälle wesentlich zu verringern. Auch diese Entwicklung sprach unserer Meinung gegen vorschnelle weitere Vertragsänderungen, eine Haltung, in der wir uns auch durch die Äußerungen des EGMR bestärkt fühlten.

1. „Unzulässigkeitskriterium"

Der britische Vorsitz sah das aber ganz anders und drängte, vor allem aus innenpolitischen Gründen, die insbesondere mit dem vom EGMR geforderten Wahlrecht von Häftlingen und der EGMR-Kontrolle über Abschiebungsentscheidungen zusammenhängen, auf verschiedene weitere Änderungen der EMRK. Dabei ging es insbesondere darum, dem EGMR durch eine Konventionsänderung vor-

1 Art. 20 Abs. 2 des Protokolls Nr. 14, BGBl. III Nr. 47/2010.

zuschreiben, Fälle, die von staatlichen Gerichten bereits auf ihre EMRK-Konformität geprüft worden waren, nur bei einem Rechtsirrtum oder einer schwerwiegenden Frage der EMRK-Auslegung oder -Anwendung zu behandeln und sonst als unzulässig zurückzuweisen. Zur Unterstützung dieses Vorschlags entfalteten Lordkanzler Clarke und der Generalanwalt von England und Wales, Grieve, in den ersten Monaten dieses Jahres eine rege Reisetätigkeit, die den Lordkanzler am 13. Februar 2012 auch nach Wien führte, wo er mit österreichischen Entscheidungsträgern zusammentraf und einen Vortrag an der Diplomatischen Akademie hielt.

Österreich lehnte die Einführung eines solchen neuen „Unzulässigkeitskriteriums" als eine inakzeptable Beschränkung des Individualbeschwerderechts an den EGMR in aller Deutlichkeit ab. Bei allem Verständnis dafür, dass Straßburger Urteile in den einzelnen EMRK-Staaten nicht immer auf uneingeschränkte Zustimmung stoßen, sollten die Bemühungen um eine Entlastung des EGMR doch nicht dazu verwendet werden, entwickelte und regelmäßig selbst nach EMRK-Kriterien prüfende Rechtsstaaten durch eine solches neues „Unzulässigkeitskriterium" – von wenigen Ausnahmen abgesehen – von der Überprüfung durch den EGMR auszunehmen. Durch eine solche Regelung würde der Gerichtshof ein de facto nur mehr für einzelne wenige Staaten zuständiges Gericht, was seiner politischen Akzeptanz äußerst abträglich wäre.

Unterstützt wurde diese ablehnende Haltung, die – anders als in britischen Äußerungen zu hören war – nicht nur von drei, sondern von ca. 20 Staaten vertreten wurde – neuerlich durch den EGMR, der in dem vorgeschlagenen neuen „Unzulässigkeitskriterium" keine Entlastung sah: Eine Überprüfung auf einen allfälligen Rechtsirrtum sei aufwendiger als die Anwendung der geltenden Bestimmungen über offensichtlich unbegründete Verfahren, die es dem EGMR schon jetzt erlauben, eine Beschwerde zurückzuweisen, die bereits von einem staatlichen Gericht auf ihre EMRK-Konformität geprüft worden ist.

Die Forderung nach einem solchen neuen Unzulässigkeitskriterium wurde schließlich vom Vereinigten Königreich im Bemühen um ein Konsensdokument zurückgezogen. Die Erklärung von Brighton enthält nun zu diesem Punkt lediglich eine Aufforderung an den Gerichtshof, im Sinne seiner ständigen Rechtsprechung eine von einem staatlichen Gericht bereits gehörig auf ihre EMRK-Konformität geprüfte Beschwerde als offensichtlich unbegründet im Sinne von Art. 35 Abs. 3 lit. a EMRK zu behandeln, außer wenn sie eine ernste Frage der EMRK-Auslegung oder -Anwendung aufwirft.[2]

2 Punkt 15 d) der Erklärung von Brighton, abrufbar unter: http://hub.coe.int/en/20120419-brighton-declaration/ (zuletzt eingesehen am 1.7.2013).

2. Weitere Änderungsvorschläge

Während es also in diesem Fall gelang, eine auch für die Unabhängigkeit des Gerichtshofs inakzeptable Beschränkung des Individualbeschwerderechts abzuwehren, sieht die Erklärung von Brighton, wie bereits erwähnt, in sieben Fällen Änderungen der EMRK von geringerer Tragweite vor, die aufgrund schrittweise verbesserter Formulierungen schließlich im Rahmen des Konsensdokuments akzeptiert werden konnten. Es handelt sich dabei um folgende Punkte:

1. In die Präambel der EMRK soll nun ein Hinweis auf das Subsidiaritätsprinzip und „die Lehre vom Ermessensspielraum, wie sie vom EGMR entwickelt wurde“, aufgenommen werden.[3] Dies stellt einen bescheidenen Erfolg für das Vereinigte Königreich dar. Die Umsetzung dieser Empfehlung wird nicht einfach werden, da sich der derzeitige Ductus der Präambel mit die Zuständigkeit des EGMR einschränkenden Prinzipien nicht gut verträgt. Außerdem wurde in diesem Fall, aus Gründen der Kompromissfindung, die Empfehlung der Ausarbeitung einer solchen Präambularbestimmung bis Ende 2013 mit dem von Polen vorgeschlagenen Zusatz verbunden, dass dabei gleichzeitig die Verpflichtung bzw. das Bekenntnis der EMRK-Vertragsstaaten zur vollständigen Umsetzung der EMRK-Verpflichtungen in Erinnerung gerufen werden soll. Es ist unklar, in welchem Verhältnis dies zur neuen Präambularbestimmung stehen soll, sowohl formal – Aufnahme dieses Bekenntnisses in die Präambel oder nicht – als auch inhaltlich – der polnische Zusatz zielt nämlich darauf ab, die geplante Zuständigkeitsbeschränkung des EGMR durch die Verweise auf Subsidiaritätsprinzip und Ermessensspielraum zu relativieren.
2. Die Frist zur Befassung des EGMR nach der endgültigen innerstaatlichen Entscheidung gemäß Art. 35 Abs. 1 EMRK soll von derzeit sechs auf vier Monate reduziert werden.[4]
3. Aus dem durch Protokoll Nr. 14 eingefügten neuen Zulässigkeitskriterium – ich habe es schon erwähnt, es ist jener Art. 35 Abs. 3 lit. b EMRK, der die Zurückweisung von Fällen ermöglicht, in denen dem Beschwerdeführer kein erheblicher Nachteil entstanden ist – sollen ein paar Worte wieder gestrichen werden, nämlich die Worte „und vorausgesetzt, es wird aus diesem Grund nicht eine Rechtssache zurückgewiesen, die noch von keinem innerstaatlichen Gericht gebührend geprüft worden ist.“[5] Große Veränderungen sind von dieser Streichung nicht zu erwarten, da der EGMR

3 *Ibid.* Punkt 12 b).
4 *Ibid.* Punkt 15 a).
5 *Ibid.* Punkt 15 c).

nach Art. 35 Abs. 3 lit. b EMRK jedenfalls alle Fälle behandeln kann, bei denen „die Achtung der Menschenrechte, wie sie in dieser Konvention und den Protokollen dazu anerkannt sind, … eine Prüfung“ erfordert. Dies wird bei den meisten von staatlichen Gerichten noch nicht gebührend auf ihre EMRK-Konformität geprüften Beschwerden der Fall sein.

4. Ob die Zahl der Richter beim EGMR zur Aufarbeitung der vielen anhängigen Fälle vorübergehend erhöht werden soll und die EMRK daher entsprechend geändert werden muss, ist auch nach der Erklärung von Brighton noch unklar. In der Erklärung wird eine solche Erhöhung als Möglichkeit angesprochen, über die das Ministerkomitee des Europarats ebenfalls bis Ende 2013 entscheiden soll.[6] In diesem Zusammenhang spricht die Erklärung auch die Frage an, dass es notwendig sein könnte, solchen zusätzlichen Richtern Amtsperioden und Aufgaben zuzuweisen, die von jenen der regulären EGMR-Richter abweichen. Österreich hat sich in den Verhandlungen immer gegen die Schaffung einer zweiten Kategorie von Richtern, denen etwa nur das Herausfiltern offensichtlich unbegründeter Fälle übertragen würde, ausgesprochen.
5. Das derzeit gemäß Art. 30 EMRK bestehende Widerspruchsrecht der Parteien gegen die Abgabe einer Rechtssache von einer Kammer des Gerichtshofs an die Große Kammer soll entfallen.[7] Durch diese Maßnahme, die in der Praxis keine großen Auswirkungen haben dürfte, weil ein solcher Widerspruch selten erfolgt, soll die Konsistenz der EGMR-Judikatur gefördert werden, denn eine Abtretung an die Große Kammer ist bei Rechtssachen möglich, die eine schwerwiegende Frage der Auslegung der EMRK oder ihrer Protokolle betreffen oder deren Entscheidung zu einer Abweichung von einem früheren Urteil des Gerichtshofs führen kann.
6. Das derzeit gemäß Art. 23 Abs. 2 EMRK vorgesehene Höchstalter von EGMR-Richtern von 70 Jahren soll entfallen und durch eine Bestimmung ersetzt werden, nach der Richter bei Amtsbeginn nicht älter als 65 Jahre sein dürfen.[8]
7. Als letzte der in der Erklärung vorgesehenen möglichen künftigen Änderungen der EMRK ist die Frage der Schaffung eines Fakultativprotokolls zu erwähnen, das den Höchstgerichten seiner Vertragsstaaten ermöglichen soll, den EGMR im Rahmen eines Gutachtenverfahrens zu befassen.[9] Wie sich schon aus dem Namen Fakultativprotokoll ergibt, ist hier – da die

6 *Ibid.* Punkt 20 e).
7 *Ibid.* Punkt 25 d).
8 *Ibid.* Punkt 25 f).
9 *Ibid.* Punkt 12 d).

Idee aufgrund der Skepsis mancher Staaten sonst nicht zu verwirklichen wäre – nicht vorgesehen, dass dem Protokoll notwendigerweise alle EMRK-Staaten angehören müssen, was für den Bereich des EMRK-Verfahrensrechts ein Novum darstellen würde.

3. Gutachtenverfahren

Mit der Idee des Gutachtenverfahrens ist die Vorstellung verbunden, dass ein solches Verfahren – trotz seiner rechtlichen Unverbindlichkeit – dazu führen könnte, dass möglichst viele Fälle, die ähnliche Fragen wie die im Gutachtenverfahren gestellten aufwerfen, nach Abgabe des Gutachtens entweder zurückgezogen würden oder aus anderen, noch zu regelnden Gründen, keiner Entscheidung des EGMR bedürften. Die Idee des Gutachtenverfahrens kann daher als Weiterentwicklung des schon jetzt vom EGMR praktizierten Piloturteils-Verfahrens nach Art. 61 der Verfahrensordnung des Gerichtshofs gesehen werden. Oft wird es auch mit dem Vorabentscheidungsverfahren beim Europäischen Gerichtshof verglichen, das allerdings – zumindest für den Vorabentscheidungsfall selbst – rechtlich verbindlich ist.

Der EGMR hat zum Vorschlag eines Gutachtenverfahrens eine relativ positive Stellungnahme abgegeben, doch gibt es über diesen Vorschlag weder im EGMR noch unter den EMRK-Staaten eine abschließende Meinung, weil er derzeit noch viele unterschiedliche Ausgestaltungsmöglichkeiten umfasst. Österreich steht diesem Vorschlag eher reserviert, aber nicht endgültig ablehnend gegenüber, nicht zuletzt wegen der Neuerung, die ein nicht für alle EMRK-Staaten verbindliches Fakultativprotokoll im Bereich des EMRK-Verfahrensrechts darstellen würde.

Die Erklärung von Brighton sieht in diesem Punkt ein besonders behutsames Vorgehen vor: Das Ministerkomitee soll zunächst bis Ende 2013 den Text eines Fakultativprotokolls entwerfen, d.h. Klarheit über die Ausgestaltung und die Wirkung des möglichen Gutachtenverfahrens schaffen, und erst dann darüber entscheiden, ob es dieses annimmt.

III. Weitere Perspektive

Über diese sieben Punkte wird das Ministerkomitee des Europarats, wie schon mehrfach erwähnt, bis Ende 2013, im Fall des Gutachtenverfahrens etwas später, zu entscheiden haben. Die Perspektive der Erklärung von Brighton geht aber über 2013 hinaus: Bis Ende 2015 soll geprüft werden, ob die bis dahin gesetzten

Maßnahmen ausreichen oder ob weitere Schritte gesetzt werden müssen.[10] Bis Ende 2019 soll entschieden werden, ob das EMRK-System in seinen jetzigen Grundzügen erhalten werden konnte oder ob tiefgreifendere Änderungen notwendig sind, um die Anzahl der beim Gerichtshof anhängigen Fälle zu verringern.[11]

Hinter diesen „tiefgreifenderen Änderungen" verbirgt sich auch das für Österreich inakzeptable „pick and choose", das Auswahlrecht des Gerichtshofs hinsichtlich jener Fälle, die er behandeln möchte, was einen gewaltigen Einschnitt in das Individualbeschwerderecht darstellen würde. Die Ablehnung eines solchen Auswahlrechts, über das derzeit nicht nur der Oberste Gerichtshof der Vereinigten Staaten, sondern auch einige Höchstgerichte von EMRK-Staaten verfügen, war gemeinsam mit der Ablehnung eines neuen Unzulässigkeitskriteriums einer der beiden Punkte, die für Österreich den „harten Kern" seiner Verhandlungsposition darstellten, was wir dem britischen Europaratsvorsitz rechtzeitig und nachdrücklich mitgeteilt und auch in unser Wortmeldung im Rahmen der Konferenz von Brighton betont haben. Die jetzt in der Erklärung enthaltene allgemeine Formulierung der Prüfung bis 2019, „ob tiefgreifendere Änderungen notwendig sind", schien uns im Interesse der Annahme eines Konsenstextes akzeptabel, wobei wir davon ausgehen, dass die gemeinsamen Wirkungen des Protokolls Nr. 14, der vom EGMR gesetzten Reformschritte und der – freilich nur bescheidenen – weiteren konkreten Reformen, die durch die Erklärung von Brighton in Aussicht genommen werden, tiefgreifendere Änderungen des EMRK-Systems entbehrlich machen werden.

10 *Ibid.* Punkt 34.

11 *Ibid.* Punkte 34 und 35 e).

Der „Fiskalpakt“ der EU – Europarechtliche Betrachtungen über einen völkerrechtlichen Vertrag

Andreas J. Kumin[**]

I. Genese

Der am 2. März 2012 unterzeichnete „Vertrag über Stabilität, Koordinierung und Steuerung in der Wirtschafts- und Währungsunion“, der vor allem unter dem in der Folge verwendeten Kurztitel „Fiskalpakt“ bekannt geworden ist, stellt eine der jüngsten Maßnahmen im Rahmen der Europäischen Union (EU) zur gemeinsamen Bewältigung der Finanz-, Schulden-, Wirtschafts- und Währungskrise dar. Es handelt sich dabei nicht um einen Rechtsakt der EU selbst, sondern um einen von den meisten ihrer Mitgliedstaaten geschlossenen, multila-

---

* Gesandter Dr. iur. Andreas Kumin, Leiter der Abteilung Europarecht, BMeiA.
* Der Beitrag gibt ausschließlich die persönlichen Auffassungen seines Autors wieder.

teralen völkerrechtlichen Vertrag.[1] Dieser steht aber in einem besonders engen Zusammenhang mit geltendem Unionsrecht, und dieses besondere Verhältnis genauer zu untersuchen ist Anlass und Hauptgegenstand des vorliegenden Beitrags.

Mit dem Fiskalpakt soll die „Solidaritätsunion", welche durch diverse „Schutzschirme" für in finanzielle Nöte geratene Mitgliedstaaten wie EFSF[2], EFSM[3] und ESM[4] verkörpert und von manchen bereits als einseitige „Transferunion" kritisiert wird, um eine „*Stabilitätsunion*" ergänzt werden: Durch strenge Auflagen für die Gestaltung der nationalen Haushalts- und Wirtschaftspolitiken soll das Auftreten von Krisen wie der gegenwärtigen von vornherein verhindert werden, um so den Rückgriff auf die Mittel von Schutzschirmen, oft auch unter Beteiligung des Internationalen Währungsfonds, gar nicht erst erforderlich werden zu lassen. Seinen *politischen Ursprung* findet der Fiskalpakt in den Beschlüssen, die am Rande des Europäischen Rats vom 8. und 9. Dezember 2011 gefasst worden sind und die der Ergänzung der in den vorangegangen Jahren bereits erfolgten Stärkung des Stabilitäts- und Wachstumspakts im Rahmen der Wirtschafts- und Währungsunion (WWU) dienen sollen. In einer *gemeinsamen Erklärung der Staats- und Regierungschefs des Euro-Währungsgebiets* wird nämlich als Teil eines weiteren umfassenden Maßnahmenpakets ein *neuer fiskalpolitischer Pakt* erwähnt, worunter vor allem eine verstärkte haushaltspolitische Disziplin zu verstehen ist. Ferner ist die Rede von der Einführung einer *verstärkten wirtschaftspolitischen Koordinierung der Mitgliedstaaten* sowie von einer *verbesserten Steuerung im Euro-Währungsgebiet.* Die mit dem zuletzt genannten Element angesprochenen sogenannten Euro-Gipfel sind bereits zuvor am Rande des Europäischen Rats im Oktober 2011 als Teil einer stärkeren institutionellen Ausgestaltung der Euro-Gruppe politisch vereinbart worden. Gemeinsam stellen diese drei Bereiche die drei Säulen des Fiskalpakts dar, auf die weiter unten noch näher eingegangen werden wird.

Die gemeinsame Erklärung sieht als Rechtsform für die Verwirklichung der genannten Schritte „eine neue Abmachung zwischen den Mitgliedstaaten des Euro-Währungsgebiets" als erforderlich an, „die in gemeinsamen, ehrgeizigen Regeln zu verankern ist, mit denen das starke politische Engagement dieser Mit-

---

1 BGBl. III Nr. 17/2013. In Kraft getreten am 1. Jänner 2013.

2 Europäische Finanzstabilitätsfazilität, geschaffen durch das EFSF-Rahmenabkommen privatrechtlicher Natur.

3 Europäischer Finanzstabilitätsmechanismus, Verordnung (EU) Nr. 407/2010 des Rates vom 11. Mai 2010 zur Einführung eines europäischen Finanzstabilisierungsmechanismus, ABl. L 118 vom 12.5.2010, S. 1.

4 Europäischer Stabilitätsmechanismus, geschaffen durch den ESM-Vertrag.

gliedstaaten in einen neuen Rechtsrahmen überführt wird."[5] Der spätere völkervertragsrechtliche Fiskalpakt, auf den mit dieser Formel erstmals eine Bezugnahme erfolgte, konnte jedoch nur als *Plan B* angesehen werden. Es war nämlich zunächst naheliegend – für Teile der Europarechtswissenschaft sogar geboten –, die möglichen Alternativen im Rahmen des Unionsrechts nicht nur theoretisch auszuloten, sondern auch ernsthaft in Erwägung zu ziehen. Als solcher *Plan A* wären grundsätzlich etwa die direkte Verankerung in den EU-Verträgen oder mehrere sekundärrechtliche Instrumente zur Verwirklichung im Rahmen des EU-Rechts zur Verfügung gestanden.

Diese *Alternativen* zum Fiskalpakt sind jedoch an zwei unüberwindlichen Hürden gescheitert: Einerseits am Widerstand des Vereinigten Königreichs, welches aus Sorge vor allem um die Stellung der nicht am Euro teilnehmenden Mitgliedstaaten sowie um die Auswirkungen auf die Londoner City als Finanzplatz seine Zustimmung versagte bzw. diese von bestimmten, schwer zu erfüllenden Zusicherungen abhängig machte. Angesichts der *Einstimmigkeit*, die für Vertragsänderungen und einige der sekundärrechtlichen Maßnahmen gefordert ist, blieben den übrigen Mitgliedstaaten diese Wege also versperrt oder nur mit als zu hoch empfundenen politischen Opportunitätskosten begehbar. Zweitens sind manche Elemente der in Aussicht genommenen Maßnahmen aber auch an die *primärrechtlichen Grenzen* gestoßen, hätten also wieder nur nach Änderung der bestehenden Gründungsverträge der EU ungesetzt werden können. Dies betraf einzelne materielle Vorgaben in den einschlägigen, als Rechtsgrundlagen in Frage kommenden Vertragsartikeln, von denen abgewichen werden sollte, wie beispielsweise die punktuelle Erweiterung vertraglich begrenzter Befugnisse der Organe oder etwa die Ersetzung der Abstimmung mit qualifizierter Mehrheit im Rat in vertraglich geregelten Situationen durch die sogenannte umgekehrte qualifizierte Mehrheit, wodurch die primärrechtlich vorgegebenen Annahmeverfahren im Rat abgeändert worden wären.

Wie würden solche mögliche Alternativen zum Fiskalpakt, also die Verankerung seiner Inhalte direkt im Unionsrecht, überhaupt im Detail aussehen? Zunächst könnte im ordentlichen Vertragsänderungsverfahren (Art. 48 EUV) eine *Anpassung des Protokolls Nr. 12* über das „Verfahren bei einem übermäßigen Defizit" im Rahmen des Stabilitäts- und Wachstumspakts (SWP) erfolgen. Eine *Ersetzung* dieses Protokolls durch völlig neue Regelungen ist bereits jetzt vorgesehen, und zwar im Verfahren des Art. 126 Abs. 14 AEUV, wobei der Rat aber

5 Rn. 3 der Erklärung der Staats- und Regierungschefs des Eurowährungsgebiets vom 9. Dezember 2012, nicht nummeriertes Dokument des Europäischen Rates, abrufbar unter: http://www.consilium.europa.eu/uedocs/cms_data/docs/pressdata/de/ec/126678.pdf (zuletzt eingesehen am 11.8.2012).

nach Anhörung des Europäischen Parlaments und der EZB einstimmig zu entscheiden hätte. Auch die Vornahme sonstiger Vertragsänderungen zum Ausbau der Regelungen für den SWP stünde zur Verfügung. Hinsichtlich der primär auf die Mitglieder des Euro-Währungsgebiets abzielenden institutionellen Stärkung der Steuerungsmechanismen wäre an eine *Änderung des Protokolls Nr. 14* betreffend die Euro-Gruppe im ordentlichen Vertragsänderungsverfahren zu denken. Dieses Protokoll sieht derzeit schon Treffen der Euro-Gruppe auf Ministerebene vor, welche durch die Euro-Gipfel also gleichsam vertikal verlängert werden. Sekundärrechtliche Maßnahmen kämen für alle EU-Mitgliedstaaten im Rahmen der Durchführung des SWP (Art. 121 und 126 AEUV und Protokoll Nr. 12), oder bei vorgesehener Geltung nur für Euro-Mitglieder auf der Rechtsgrundlage von Art. 136 iVm Art. 121 oder 126 AEUV in Frage, etwa nach dem Muster des sogenannten Six-pack[6] oder des jüngsten Two-pack[7]. Zuletzt verdient auch das in den letzten Jahren mehrmals verwendete Instrument der verstärkten Zusammenarbeit (Art. 20 EUV) Erwähnung. Dabei handelt es sich um die Möglichkeit der Inanspruchnahme der Organe und Rechtssetzungsverfahren

6 Verordnung (EU) Nr. 1175/2011 des Europäischen Parlaments und des Rates vom 16. November 2011 zur Änderung der Verordnung (EG) Nr. 1466/97 des Rates über den Ausbau der haushaltspolitischen Überwachung und der Überwachung und Koordinierung der Wirtschaftspolitiken, ABl. L 306 vom 23.11.2011, S. 12, Verordnung (EU) Nr. 1177/2011 des Rates vom 8. November 2011 zur Änderung der Verordnung (EG) Nr. 1467/97 über die Beschleunigung und Klärung des Verfahrens bei einem übermäßigen Defizit, ABl. L 306 vom 23.11.2011, S. 33, Verordnung (EU) Nr. 1173/2011 des Europäischen Parlaments und des Rates vom 16. November 2011 über die wirksame Durchsetzung der haushaltspolitischen Überwachung im Euro-Währungsgebiet, ABl. L 306 vom 23.11.2011, S. 1, Verordnung (EU) Nr. 1174/2011 des Europäischen Parlaments und des Rates vom 16. November 2011 über Durchsetzungsmaßnahmen zur Korrektur übermäßiger makroökonomischer Ungleichgewichte im Euro-Währungsgebiet, ABl. L 306 vom 23.11.2011, S.8, Verordnung (EU) Nr. 1176/2011 des Europäischen Parlaments und des Rates vom 16. November 2011 über die Vermeidung und Korrektur makroökonomischer Ungleichgewichte, ABl. L vom 23.11.2011, S. 25, Richtlinie 2011/85/EU des Rates vom 8. November 2011 über die Anforderungen an die haushaltspolitischen Rahmen der Mitgliedstaaten, ABl. L 306 vom 23.11.2011, S. 41.

7 Verordnung (EU) Nr. 472/2013 des Europäischen Parlaments und des Rates vom 21. Mai 2013 über den Ausbau der wirtschafts- und haushaltspolitischen Überwachung von Mitgliedstaaten im Euro-Währungsgebiet, die von gravierenden Schwierigkeiten in Bezug auf ihre finanzielle Stabilität betroffen oder bedroht sind, ABl. L 140 vom 27.5.2013, S. 1; Verordnung (EU) Nr. 473/2013 des Europäischen Parlaments und des Rates über gemeinsame Bestimmungen für die Überwachung und Bewertung der Übersichten über die Haushaltsplanung und für die Gewährleistung der Korrektur übermäßiger Defizite der Mitgliedstaaten im Euro-Währungsgebiet, ABl. L 140 vom 27.5.2013, S. 11.

der EU durch eine beschränkte Zahl von EU-Mitgliedstaaten in Bereichen der nicht-ausschließlichen Zuständigkeiten der EU als letztes Mittel dann, wenn nach den sonstigen Annahmeverfahren eine für erforderlich erachtete Unionsmaßnahme nicht zustande kommt.

Während also für sehr viele Elemente des Fiskalpakts Lösungsmöglichkeiten mit unionsrechtlichen Instrumenten einzeln oder in Kombination zur Verfügung gestanden hätten, traf dies nicht auf die Gesamtheit seines Inhalts zu. Das bedeutete aber, dass für die Umsetzung des gesamten auf höchster politischer Ebene vereinbarten Pakets letztlich nur eine formell außerhalb des unionsrechtlichen Rahmens angesiedelte völkerrechtliche Zusammenarbeit der teilnahmewilligen Mitgliedstaaten in Frage kommen konnte.

II. Wesensmerkmale

Im Ergebnis ist ein *besonders europarechtsnahes*, wenn nicht sogar *europarechtsaffines*, völkerrechtliches Übereinkommen zustande gekommen, welches letztlich von 25 der 27 EU-Mitgliedstaaten vereinbart worden ist, weil außer dem von Beginn an abseits stehenden Vereinigten Königreich gegen Ende der Verhandlungen auch die Tschechische Republik noch von einer Teilnahme abgesehen hat. Das *Inkrafttreten* des Fiskalpakts ist am 1. Jänner 2013 nach Vorliegen der erforderlichen mindestens zwölf Ratifikationen durch Euro-Mitglieder erfolgt.[8]

Der Fiskalpakt ist zwar von Beginn an für die Teilnahme auch von jenen EU-Mitgliedstaaten konzipiert, welche die gemeinsame Währung (noch) nicht eingeführt haben, er sieht dennoch eine *abgestufte Bindungswirkung* vor: für die Euro-Mitglieder als Kern des Vertrags gilt dieser uneingeschränkt mit Ratifikation und Inkrafttreten; die Regelungen über die Steuerung des Euro-Währungsgebiets gelten ebenfalls für alle Vertragsparteien jeweils bereits ab objektivem Inkrafttreten (also für Euro-Mitglieder auch vor ihrer eigenen Ratifikation), weil diese nur Rechte einräumen und eine in sich differenzierte Teilnahme vorsehen; für die EU-Mitgliedstaaten mit einer Ausnahmeregelung oder einer Freistellung betreffend den Euro gilt der Vertrag erst nach deren Aufhebung, außer ein solcher Staat gibt zu einem früheren Zeitpunkt eine Erklärung zugunsten der vorherigen Bindung an die Regelungen des fiskalpolitischen Pakts mit der Schuldenbremse und jene der wirtschaftspolitische Koordinierung ab.

---

8 Siehe dazu den Beitrag *von Schusterschitz, Gregor*, Der „Fiskalpakt“ aus völkerrechtlicher und verfassungsrechtlicher Sicht, abgedruckt in diesem Band, S. 65 ff.

Einen bedeutenden Anreiz zur raschen Umsetzung der Vorgaben des Fiskalpakts schafft die in seinem drittletzten Erwägungsgrund vorgesehene *Konditionalität für die Inanspruchnahme von neuen ESM-Mitteln*: diese kann nur bei Ratifikation bis 1. März 2013 und bei fristgerechter Umsetzung der Schuldenbremse ins innerstaatliche Recht erfolgen. Es mag verwundern, dass diese Bedingung für die Gewährung von Finanzhilfe, welche von den Euro-Mitgliedstaaten bei ihren Beschlussfassungen in den ESM-Organen zu berücksichtigen sein wird, nicht im ESM-Vertrag selbst, sondern im Fiskalpakt geregelt wird. Der Grund dafür liegt jedoch einfach darin, dass man den Text des revidierten ESM-Vertrags nach dessen Unterzeichnung nicht nochmals ändern wollte und die Euro-Mitgliedstaaten ohnehin bei beiden Verträgen Parteien sind.

Die *Beitrittsmöglichkeit* für andere Staaten, die bereits bei der Einigung auf den Fiskalpakt Mitglieder der EU waren, also die derzeit bewusst abseits stehenden Vereinigtes Königreich und Tschechische Republik, sowie neue EU-Mitglieder (wie seit 1. Juli 2013 Kroatien), ist ausdrücklich vorgesehen.

Mit der vorgeschriebenen Bewertung der Funktionsweise des Vertrags und einer Überprüfung nach fünf Jahren betreffend die Einleitung der nötigen Schritte für eine *Überführung ins Primärrecht* der EU enthält der Fiskalpakt auch schon die erforderlichen rechtlichen Ansätze für einen Brückenschlag vom Völkerrecht zum formellen Unionsrecht.

III. Zweck und Inhalt

Der vom Fiskalpakt verfolgte *Zweck* wird in seinem Art. 1 näher ausgeführt. Demnach kommen seine Vertragsparteien als Mitglieder der EU überein, durch die im Fiskalpakt vorgesehenen Maßnahmen zur Erreichung der Ziele der EU für nachhaltiges Wachstum, Beschäftigung, Wettbewerbsfähigkeit und sozialen Zusammenhalt beizutragen.

Der Fiskalpakt besteht aus den drei in der gemeinsamen Erklärung des Euro-Währungsgebiets genannten *Komponenten*: fiskalpolitischer Pakt als Kern, auch als „Schuldenbremse" samt Korrekturmechanismus bekannt (Art. 3 bis 8), wirtschaftspolitische Koordinierung und Konvergenz (Art. 9 bis 11), und Steuerung des Euro-Währungsgebiets mit den institutionellen Vorkehrungen einer besseren „governance" entsprechend den am Rande des Europäischen Rates von Oktober 2011 getroffenen Vereinbarungen (Art. 12 bis 13).

1. „Fiskalpakt“ im engeren Sinne (Art. 3 bis 8)

Das mit den hier verankerten Bestimmungen verfolgte *Ziel* besteht in der Sicherung der wirtschaftlichen und finanziellen Stabilität der öffentlichen Haushalte, welche als Voraussetzung für Wachstum, Beschäftigung Wettbewerbsfähigkeit und sozialen Zusammenhalt angesehen wird. Unter den einschlägigen *Maßnahmen* stechen die konkreten Vorgaben für die Disziplin der einzelstaatlichen öffentlichen Haushalte hervor, wobei nicht nur jene auf gesamtstaatlicher Ebene, sondern auch jene der lokalen und regionalen Gebietskörperschaften mit umfasst sind. In der Regel darf entsprechend der gemeinhin als *Schuldenbremse* apostrophierten Vorschrift das strukturelle Defizit nicht mehr als 0,5 % des BIP ausmachen. Es ist ferner ein automatischer *Korrekturmechanismus* bei erheblichen Abweichungen vom „Pfad der Tugend“ vorzusehen. Die nähere Ausgestaltung desselben erfolgt durch die Mitgliedstaaten nach gemeinsamen Grundsätzen auf Vorschlag der Kommission. Angesichts der naheliegenden Auswirkungen der Vorgaben des Fiskalpakts auf die Rechte der nationalen Parlamente als der für die Beschlussfassung über die nationalen Budgets zuständigen Organe erfolgt ein ausdrücklicher Hinweis auf die volle Wahrung der Rechte der nationalen Parlamente.

Als Mittel dafür, dass die Einhaltung der Schuldenbremse durch die Mitgliedstaaten wirksam gewährleistet wird, fordert der Vertrag deren *verbindliche Übernahme* einschließlich des Korrekturmechanismus *vorzugsweise ins nationale Verfassungsrecht oder* in Form von *gleichwertigen* Bestimmungen verbindlicher und dauerhafter Art, die deren vollständige Einhaltung und Befolgung im gesamten nationalen Haushaltsverfahren auf andere Weise garantiert, bis spätestens ein Jahr nach seinem Inkrafttreten. Für den Fall einer Überschreitung der vorgegebenen Grenzen greift eine Reduktionsverpflichtung um durchschnittlich ein Zwanzigstel jährlich. Begleitet werden die repressiven Maßnahmen bei übermäßigem Defizit durch die Verpflichtung der betreffenden Staaten, ein Haushalts- und Wirtschaftspartnerschaftsprogramm mit *Strukturreformen* vorzulegen und von Kommission und Rat prüfen zu lassen. Als Neuerung ist auch eine bessere *Koordinierung der Begebung von Staatsschuldentiteln* durch Vorabinformation an Rat und Kommission vorgesehen.

2. Wirtschaftspolitische Koordinierung und Konvergenz (Art. 9 bis 11)

Die in der zweiten Säule des Fiskalpakts getroffenen Vorkehrungen dienen der erhöhten Konvergenz und Wettbewerbsfähigkeit der EU-Mitgliedstaaten, der Förderung des reibungslosen Funktionierens der WWU, des Wirtschaftswachstums und der Beschäftigung sowie der Sicherstellung der langfristigen Tragfähigkeit der öffentlichen Finanzen. Die konkret von den Mitgliedstaaten hier zu setzenden Maßnahmen stützen sich auf die bereits im Rahmen der EU praktizierte wirtschaftspolitische Koordinierung im Sinne des AEUV, wonach die Mitgliedstaaten ihre Wirtschaftspolitik unter anderem auch als eine Angelegenheit von gemeinsamem Interesse betrachten. Darüber hinaus wird von den Vertragsparteien die Bereitschaft erklärt, „in Angelegenheiten, die für das reibungslose Funktionieren des Euro-Währungsgebiets wesentlich sind, wann immer dies angemessen und notwendig ist" Rückgriff auf die Regelungen für Euro-Mitglieder gem. Art. 136 AEUV zu nehmen. Ferner bekennen sie sich zur aktiven Nutzung der verstärkten Zusammenarbeit. Dies soll jedoch alles ohne Beeinträchtigung des Binnenmarktes geschehen. Zwecks Festlegung von Benchmarks für vorbildliche Vorgehensweisen ist abschließend noch die Erörterung vorab und gegebenenfalls die Koordinierung der geplanten größeren wirtschaftspolitischen Reformen vorgeschrieben.

3. Steuerung des Euro-Währungsgebiets (Art. 12 bis 13)

Umfangreichere und detailliertere Regelungen enthält die dritte, institutionelle Säule des Fiskalpakts. Hier werden vor allem als wesentliche Neuerung die informellen Treffen der Staats- und Regierungschefs der Euro-Mitgliedstaaten formell festgeschrieben, auf die man sich bereits politisch beim Europäischen Rat im Oktober 2011 als ein besonders symbolträchtiges Element einer verstärkten institutionellen Ausgestaltung der Euro-Gruppe geeinigt hatte. Diese regelmäßigen Treffen, an denen auch der Präsident der Europäischen Kommission teilnimmt und zu denen der EZB-Präsident eingeladen wird, erhalten den Titel *„Euro-Gipfel"*.

Den ständigen Vorsitz dieser Treffen nimmt der ebenfalls neu eingesetzte Präsident des Euro-Gipfels wahr, dessen Wahl zum gleichen Zeitpunkt und für die gleiche Amtszeit wie die Wahl des Präsidenten des Europäischen Rates erfolgt. Es ist daher in der Regel von einer Personalunion beider Ämter auszugehen,[9] auch wenn der Präsident des Euro-Gipfels im Unterschied zum Präsidenten des Europäischen Rates nicht mit qualifizierter, sondern mit einfacher Mehrheit der Staats- und Regierungschefs der Euro-Mitgliedstaaten gewählt wird.

---

9 Für den Fall, dass der Präsident des Europäischen Rates nicht aus einem Mitgliedsland des Euroraums stammt, würden die beiden Funktionen allerdings wieder auseinanderfallen. Eine andere Lesart dieser Bestimmung wäre, dass man die Herkunft aus einem Euroland als ungeschriebene Bedingung für die Wahl zum Präsidenten des Europäischen Rates voraussetzt.

Die *Tagungen* der Euro-Gipfel finden bei Bedarf, jedoch mindestens zweimal jährlich, statt. Ihre Vorbereitung erfolgt durch ihren Präsidenten in enger Zusammenarbeit mit dem Präsidenten der Kommission, die beide auch für ihre Kontinuität Sorge tragen. Die inhaltliche Vor- und Nachbereitung der Tagungen erfolgt überdies durch die in Protokoll Nr. 14 zu den Gründungsverträgen verankerte Euro-Gruppe, deren Präsident zu diesem Zweck zu den Tagungen der Euro-Gipfel eingeladen werden kann. Als *Themen*, die bei den Tagungen der Euro-Gipfel zur Behandlung anstehen, werden in Art. 12 Abs. 2 des Fiskalpakts Fragen betreffend die spezifische gemeinsame Verantwortung für die einheitliche Währung, die Steuerung des Euro-Währungsgebiets sowie die strategische Orientierung für die Steuerung der Wirtschaftspolitik und größere Konvergenz genannt.

Da infolge der engen Verflechtung der Volkswirtschaften im EU-Binnenmarkt und der Konvergenz der Wirtschafts- und Währungspolitiken die von der Euro-Gruppe auf ihren Gipfel-Treffen behandelten Fragen unweigerlich auch Auswirkungen auf die nicht an der dritten Stufe der Währungsunion teilnehmenden EU-Mitgliedstaaten haben, sind auch diese in die diesbezüglichen Arbeiten eingebunden. Die Länder, welche noch nicht den Euro eingeführt, aber den Fiskalpakt ratifiziert haben, nehmen daher gemäß Art. 12 Abs. 3 an den Tagungen des Euro-Gipfels teil, wenn dessen Beratungen u.a. die Wettbewerbsfähigkeit oder die Änderung der allgemeinen Architektur des Euro-Raums betreffen, sowie wenn dies sachgerecht ist. Mindestens einmal im Jahr ist die Teilnahme dieser Staaten an den Beratungen über die Durchführung des Fiskalpakts jedenfalls vorgeschrieben.

Darüber hinaus kann zu den Gipfeltreffen auch der Präsident des Europäischen Parlaments eingeladen werden, um gehört zu werden. Der Präsident des Euro-Gipfels legt unabhängig davon nach jeder Tagung dem Europäischen Parlament einen Bericht vor und unterrichtet die Nicht-Euro-Vertragsparteien und die anderen EU-Mitgliedstaaten, die nicht Vertragsparteien des Fiskalpakts sind, laufend über dessen Vorbereitungen und Ergebnisse.

Zur demonstrativen Stärkung der *parlamentarischen und demokratischen Dimension* bekräftigt Art. 13 unter Verweis auf Protokoll Nr. 1 zu den Gründungsverträgen, dass das Europäische Parlament und die nationalen Parlamente gemeinsam auch über die Organisation und Förderung einer Konferenz von Vertretern der zuständigen Ausschüsse des Europäischen Parlaments und der nationalen Parlamente bestimmen, um die Haushaltspolitik und andere von diesem Vertrag erfasste Angelegenheiten zu diskutieren.

IV. Verhältnis zu Unionsrecht

1. Allgemeine Bemerkungen und salvatorische Klausel

Wie im ersten Abschnitt aufgezeigt, hat sich in Anbetracht seiner Entstehungsgeschichte für die rechtliche Verankerung des im Fiskalpakt vorgesehenen Maßnahmen-Mix eine völkerrechtliche Regelung außerhalb des EU-Rechts letztendlich als unausweichlich erwiesen. Diese „Umgehung" – im Sinne einer bewussten Nicht-Inanspruchnahme – der Verfahren des Unionsrechts erfolgt durch die am Vertrag beteiligten Mitgliedstaaten zwar vorsätzlich, weil wissentlich und willentlich zur Verfolgung legitimer, wenn nicht sogar auch unionsrechtlich gebotener oder zumindest opportun erscheinender Ziele. Sie geschieht dennoch nicht absichtlich in dem Sinne, dass die Umgehung geradezu selbst als eigenes verfolgtes Ziel anzusehen ist. Die völkerrechtliche anstatt der unionsrechtlichen Form stellt somit nicht den Zweck oder Wesensgrund des Handelns der Mitgliedstaaten dar, der völkerrechtliche Vertrag bietet vielmehr lediglich das einzige, realistischer Weise zur Verfügung stehende, geeignete Mittel.

Es wird bei der nun folgenden Untersuchung des Fiskalpakts auf eine Reihe seiner Inhalte und Merkmale einzugehen sein, die nach der hier vertretenen Ansicht deutlich für seine *Vereinbarkeit mit dem Unionsrecht* sprechen,[10] abgesehen von seiner bereits oben kurz erwähnten wesentlichen Zweckbestimmung, welche ausdrücklich im Dienste von Zielsetzungen der EU steht. Ganz allgemein sei zunächst auf die ganz bewusst gewählte und konsequent im gesamten Vertragstext durchgeführte *Vertragssprache* hingewiesen. Dort, wo auf Regelungen und Vorgänge im Rahmen des Rechts der EU eingegangen wird, kommt nicht die imperative Verbform des normativen Indikativ, sondern die deskriptive Verbform des Futurum zum Einsatz: es heißt dann es „ wird … [etwas getan] ... werden", nicht es „ wird … [etwas getan]". In der englischen Sprachfassung kommt dies freilich noch ein wenig deutlicher durch den Unterschied zwischen dem hier verwendeten „will" statt des präskriptiven „shall" zum Ausdruck.

Als zentrale Bestimmung sei ferner vorab die *salvatorische Klausel* des Art. 2 erwähnt, wonach die Anwendung und Auslegung des Vertrags in Übereinstimmung mit den EU-Gründungsverträgen, insbesondere dem Grundsatz der loyalen Zusammenarbeit, erfolgt. Sofern der Erlass von „Sekundärgesetzgebung" erforderlich ist, erfolgt dies im Einklang mit dem unionsrechtlichen Besitzstand und auch mit dem Verfahrensrecht der EU. Der Vertrag gilt außerdem kraft ausdrücklicher eigener Anordnung nur insoweit, als er mit den EU-

10 *Kumin, Andreas J./ Fülöp, Tünde*, Recent Austrian practice in the field of European Union law. Report for 2011, 67 ZöR (2012) 415.

Gründungsverträgen und dem Besitzstand vereinbar ist. Ohne dass somit der Ausdruck *Vorrang des Unionsrechts* erwähnt wird, wird diesem Grundsatz auf diese Weise dennoch effektiv Rechnung getragen.[11] Ergänzt werden die allgemeinen Vorkehrungen noch durch den Hinweis, dass die Handlungsbefugnisse der Union auf dem Gebiet der Wirtschaftsunion unberührt bleiben und durch einen Erwägungsgrund, wonach die Kommission im Rahmen ihrer Befugnisse betreffend den SWP, insbesondere gemäß Art. 121, 126 und 136 AEUV handeln wird.

In den nachfolgenden Unterabschnitten werden die in den einzelnen Bestimmungen des Fiskalpakts zusätzlich verankerten Sicherungen behandelt, mit denen dieser Vertrag selbst seine Vereinbarkeit mit Unionsrecht gewährleistet.

2. Schuldenbremse

Im Kern des Fiskalpakts, den inhaltlichen Vorgaben für die Schuldenbremse samt Korrekturmechanismus findet sich in Art. 3 Abs. 1 der zentrale Hinweis, dass diese Vorschriften für die Vertragsparteien zusätzlich zu den und unbeschadet ihrer unionsrechtlichen Verpflichtungen gelten. In den substantiellen Regelungen wird dann auch auf das länderspezifische mittelfristige Ziel Bezug genommen, welches im Unionsrecht im Rahmen des SWP festgelegt wird. Zur Bewertung der Fortschritte in Richtung auf das mittelfristige Ziel und dessen Einhaltung beim fiskalpolitischen Pakt werden die unionsrechtlichen Verfahren zur Durchführung des SWP herangezogen. Es gelten ausdrücklich die Begriffsbestimmungen von Protokoll Nr. 12 zu den Gründungsverträgen betreffend das Verfahren bei einem übermäßigen Defizit. Nach allfälligen Abweichungen vom vorgegebenen Stabilitäts- oder Konsolidierungspfad für die öffentlichen Haushalte eines Mitgliedstaates erfolgt die Reduktion eines übermäßigen Defizits gemäß den Bestimmungen des geänderten SWP („Six-pack“, „Two-pack“, s.o.). Auch das Bestehen eines übermäßigen Defizits wird nach dem Verfahren des Art. 126 AEUV festgestellt. Und letztlich wird auch der Inhalt des vom Mitgliedstaat vorzulegenden „Haushalts- und Wirtschaftspartnerschaftsprogramms“ zur Vornahme der erforderlichen Strukturreformen im EU-Recht festgelegt und im Rahmen der SWP-Verfahren von Kommission und Rat überwacht werden.

---

11 Vgl. *Mayer, Claudia*, Vertrag über Stabilität, Koordinierung und Steuerung in der WWU und Europäischer Stabilitätsmechanismus, 20 Journal für Rechtspolitik (2012) 124-136 (131), die von „Normierung eines Geltungsvorranges“ spricht.

3. Wirtschaftspolitische Koordinierung und Konvergenz

Die Regelungen in der zweiten Säule des Fiskalpakts stützen sich gemäß Art. 9 ausdrücklich auf die Koordinierung im Sinne des AEUV, somit insbesondere dessen Art. 5 sowie Art. 119 Abs. 1 und Art. 120f. Die Bemühungen der Vertragsparteien in diesem Bereich zielen auf das reibungslose Funktionieren der WWU und des Euro-Währungsgebiets ab. Die gemäß Art. 10 des Vertrags beabsichtigte verstärkte Inanspruchnahme von EU-Instrumenten, insbesondere der Möglichkeit von weitergehenden Vorschriften für Euro-Länder auf der Grundlage des Art. 136 AEUV und der verstärkten Zusammenarbeit sprechen schon von sich aus für eine unzweifelhafte Anerkennung der führenden Rolle der EU in diesem Bereich durch die Vertragsparteien. Es werden keine eigenen Mechanismen und Formen der Zusammenarbeit geschaffen. Im Gegenteil, auch bei der zwischen den Vertragsparteien in Hinkunft erfolgenden Koordinierung größerer einzelstaatlicher Wirtschaftsreformen wird deutlich die Einbeziehung der EU-Organe gemäß den Erfordernissen des EU-Rechts festgeschrieben.

4. Steuerung des Euro-Währungsgebiets

Wie bereits oben ausgeführt, können der neu geschaffene Euro-Gipfel und dessen auf bestimmte Zeit gewählter Präsident als vertikale politische Verlängerung und horizontaler Schlussstein der Regelungen zur Euro-Gruppe und deren gewählter Präsidentschaft auf Ministerebene gesehen werden, wie sie im Protokoll Nr. 14 zu den Gründungsverträgen bereits verankert sind. Es handelt sich bei den vorliegenden institutionellen Regelungen des Art. 13 zweifellos um solche, die zwecks formellen Einbaus in das Organisationsgefüge der EU einer Verankerung im Primärrecht bedürfen. Nachdem aber nachgewiesener Maßen gleiche Regelungen betreffend die Euro-Gruppe auf der Ebene der Staats- und Regierungschefs nicht bestehen und die Aufgaben sowie Tätigkeit der Euro-Gipfel und ihres gewählten Präsidenten mit keinen sonstigen Bestimmungen des Unionsrechts in Widerspruch oder in einem Spannungsverhältnis stehen, ist auch hier von einer Vereinbarkeit mit dem Unionsrecht auszugehen. Auf den Verweis auf Protokoll Nr. 1 über die Rolle der nationalen Parlamente bezüglich der Konferenz der zuständigen Ausschüsse ist bereits zuvor eingegangen worden.

5. Stimmverhalten im Rat (Art. 7)

Die Vertragsparteien des Fiskalpakts, die Euro-Länder sind, verpflichten sich bei der Beschlussfassung über Verstöße gegen das Defizit-Kriterium im Rahmen eines Verfahrens wegen eines übermäßigen Defizits zu einem bestimmten

Stimmverhalten. Vertritt nämlich die Kommission dabei die Auffassung, dass ein Verstoß eines Euro-Mitgliedstaats gegen das Defizit-Kriterium vorliegt, und legt sie eine entsprechende Empfehlung oder einen Vorschlag vor, werden die Euro-Mitgliedstaaten im Rat die Empfehlung oder den Vorschlag der Kommission unterstützen. Dies wird nur dann nicht der Fall sein, wenn bei einer vorherigen Erörterung dieser Frage im Rahmen der Euro-Gruppe feststeht, dass eine qualifizierte Mehrheit von ihnen – wobei der betreffenden Mitgliedstaat nicht mitgerechnet wird – die Auffassung der Kommission nicht teilt. Diese Zusage der Euro-Mitgliedstaaten ist deshalb in der Europarechtswissenschaft auf teils heftige Kritik gestoßen, weil darin die primärrechtswidrige Festlegung durch EU-Mitgliedstaaten einer abweichenden Abstimmungsregel für in den Verträgen ausdrücklich geregelte Fälle von Beschlussfassungen des Rates gesehen wurde. Insofern wurde darin ein weiterer Fall einer Beschlussfassung mit der sogenannten „umgekehrten Mehrheit“ („reverse majority voting“ – RMV) erblickt, welche ihrerseits von einigen Autoren für primärrechtswidrig erachtet wird.[12]

Es gibt aber aus der Sicht des Autors nicht nur überzeugende Gründe, die für die Vereinbarkeit jener Bestimmungen mit dem Primärrecht sprechen.[13] Was die geschilderte Regel des Art. 7 Fiskalpakt betrifft, ist nämlich darüber hinaus festzustellen, dass es sich dabei erst gar nicht um einen Fall von RMV handelt. Bei der „umgekehrten qualifizierten Mehrheit“, wie sie in mehreren Fällen im Sixpack zu finden ist, wird eine Empfehlung der Kommission für einen Beschluss des Rates vom letztgenannten nicht mit einer positiven Mehrheit tatsächlich angenommen, sondern gilt aufgrund einer Legalfiktion immer dann automatisch als angenommen, wenn der Rat die jeweilige Vorlage nicht innerhalb einer vorgegebenen Frist mit einer qualifizierten Mehrheit ablehnt. Art. 7 Fiskalpakt enthält keinerlei vergleichbare Regelung über die Wirkung von Mehrheiten im Rat, sondern trifft lediglich Festlegungen über die Richtung der von den Euro-Mitgliedstaaten abzugebenden Stimme. Was die Vertragsparteien mit Art. 7 Fiskalpakt abgegeben haben, ist eine aus freien Stücken getätigte Verwendungszusage für ein bestimmtes Stimmverhalten gegenüber Kommissionsvorschlägen und -empfehlungen. Schon aus der obigen Schilderung wird ferner hinlänglich deutlich, dass mit der von den Euro-Mitgliedstaaten getätigten Zusage nicht das Quorum selbst für die Abstimmung im Rat geändert wird. Demnach erfolgen auch die Abstimmungen, bei denen sich die Vertragsparteien des Fiskalpakts im Einklang mit ihren Versprechen in Art. 7 verhalten, unter ausdrücklicher Einhaltung der Verfahrensvorschriften der Verträge. Diese Aussage trifft auch der er-

12 *Griller*, ZöR, im Erscheinen.

13 *Kumin*, „Reverse Majority Voting“ – Auf dem Weg zur Herrschaft der Exekutive über die Legislative?, ZöR (2013) 68, 441 – 455.

ste Satz von Art. 7, um etwaige noch verbleibende Zweifel restlos zu beseitigen. Eine Prüfung, ob auf die salvatorische Klausel in Art. 2 Fiskalpakt zurückgegriffen werden müsste, erübrigt sich somit. Nach unserem Kenntnisstand erfolgt nach der zum Zeitpunkt der Unterzeichnung des Fiskalpakts geltenden Rechtslage im Rahmen des Stabilitäts- und Wachstumspakts entsprechend dem Primärrecht sowie dem Sekundärrecht in keinem Fall eine Feststellung durch den Rat, dass ein Mitgliedstaat ein überhöhtes Defizit aufweist, unter Anwendung der Regel des RMV.[14] Eine besondere europarechtliche Bedenklichkeit dahingehend, dass die vorhergehende Stimmrechtsbindung von Art. 7 Fiskalpakt die Wirkungen von RMV sogar noch potenziert, wird hier daher nicht gesehen.[15]

Der Vollständigkeit halber ist natürlich festzustellen, dass die nummerische Stimmenmehrheit der Euro-Mitgliedstaaten im Rat zwar bewirkt, dass unter Anwendung des Art. 7 Fiskalpakt automatisch diejenige Entscheidung des Rates beschlossen wird, die der Haltung der Euro-Mitgliedstaaten entspricht. Das Stimmverhalten der übrigen EU-Mitgliedstaaten verliert daher an Gewicht. Eine umfassende Betrachtung der fraglichen Bestimmung muss aber erstens zum Schluss kommen, dass sich die Zusage des Art. 7 Fiskalpakt nur auf die Feststellung eines übermäßigen Defizits bezüglich der Euro-Mitgliedstaaten selbst beschränkt, was ihrer besonderen Verantwortung als Vertreter der gemeinsamen Währung Ausdruck verleiht und gleichzeitig eine Wirkung zu Lasten der übrigen EU-Mitgliedstaaten vermeidet. Dasselbe Verhalten der Euro-Mitglieder bei Beschlussfassungen im Rat könnte zweitens auch ohne formalisierte rechtliche oder politische Absprache erfolgen.[16] Die konkreten Abstimmungsergebnisse wären dann dieselben wie jene, die unter Anwendung des Art. 7 zustande kommen. Somit fallen auch die bewusst herbeigeführten Wirkungen dieser Bestimmungen in den rechtlich vorgegebenen Rahmen. Überdies werden damit unter Verweis auf die vom Fiskalpakt deklarierten Zwecke Zielsetzungen verfolgt, die auch und insbesondere aus dem Blickwinkel des Unionsrechts als legitim wenn nicht ganz besonders erwünscht anzusehen sind. Die Mitgliedstaaten der EU stellen als Vertragsparteien des Fiskalpakts ihre Entschlossenheit unter Beweis,

14 Von der gegenteiligen Annahme geht aber offenbar *Mayer* (Fn. 10), 124-136 (134), aus, ohne dass jedoch konkrete Beispiele für eine Anwendbarkeit des Art. 7 Fiskalpakt für konkrete Beschlussfassungen im Rahmen des durch das Six-pack geänderten Stabilitäts- und Wachstumspakts gegeben werden.

15 Auch *Antpöhler, Carlino*, Emergenz der europäischen Wirtschaftsregierung. Das Six Pack als Zeichen supranationaler Leistungsfähigkeit, 72 ZaöRV (2012) 353-393 (387), erachtet Art. 7 Fiskalpakt als europarechtskonform.

16 Siehe etwa den Hinweis bei *Mayer* (Fn. 10), 124-136 (134), „dass die Mitgliedstaaten der Eurozone ihr Verhalten im Rat (auch im Hinblick auf Defizitverfahren) schon bisher im Rahmen der informellen Treffen der Eurogruppe abgestimmt haben“.

die gegenwärtige Krise zum Anlass zu nehmen, um eine deutliche Stärkung der Disziplin und der Wirksamkeit unerlässlicher Korrekturmaßnahmen herbeizuführen, auch unter Aufgabe eines Teiles ihrer nationalen politischen Gestaltungsspielräume.

Zu einem anderen Ergebnis als der Vereinbarkeit mit Unionsrecht könnte man allenfalls gelangen, wenn man – aus unserer Sicht unzulässiger Weise – Analogien zum Verfassungsrecht der Mitgliedstaaten zöge. Dort findet sich im Zusammenhang mit dem Stimmverhalten von Parlamentsabgeordneten die Figur des „freien Mandats“, das an keine Aufträge von irgendeiner Seite gebunden werden darf. Ein solches Instrument kennt das Unionsrecht in Bezug auf die Mitgliedstaaten im Rat jedoch nicht. Die die Mitgliedstaaten im Rat vertretenden Minister sind letztlich immer ihren eigenen Parlamenten – und nur diesen – verantwortlich und können von diesen sogar zu einem bestimmten Verhalten unter Einsatz ihrer Ministerverantwortlichkeit und Androhung der Sanktion eines Misstrauensvotums oder einer Ministeranklage verpflichtet werden. Eine freiwillige Selbstbindung der Mitgliedstaatenvertreter im Rat, welche durch einen von den nationalen Parlamenten genehmigten völkerrechtlichen Vertrag herbeigeführt wird, widerspricht daher keinem Grundsatz des Unionsrechts.

Zuletzt wäre der guten Ordnung halber noch auf die – aus unserer Sicht wiewohl – Selbstverständlichkeit hinzuweisen, dass ein von den Vorgaben des Art. 7 Fiskalpakt abweichendes Stimmverhalten eines Euro-Mitgliedstaats im Rat mangels Grundlage nicht unionsrechtlich geahndet werden kann und wird, sondern lediglich einen möglichen völkerrechtlichen Verstoß gegen den Fiskalpakt darstellen könnte.

Der „Fiskalpakt“ aus völkerrechtlicher und verfassungsrechtlicher Sicht

Gregor Schusterschitz[**]

I. Einleitung

Mein Kollege und Freund Andreas Kumin hat in seinem Beitrag bereits ausführlich die Genese und den Inhalt des „Vertrags über Stabilität, Koordinierung und Steuerung in der Wirtschafts- und Währungsunion“[1] (kurz: Fiskalpakt) geschil-

---

* Gesandter MMag. Gregor Schusterschitz, Leiter der Abteilung Allgemeines Völkerrecht, BMeiA.

* Der Beitrag gibt ausschließlich die persönlichen Auffassungen des Autors wieder.

1 Kundgemacht in BGBl. III Nr. 17/2013. Erläuternde Bemerkungen siehe Nr. 1725 der Beilagen zu den stenographischen Protokollen des Nationalrats (XXIV. GP).

dert[2], daher erübrigt sich hier eine entsprechende Darstellung. Der Titel des Beitrags von Andreas Kumin bringt dabei das Dilemma gut zum Ausdruck: „Fiskalpakt der EU"; obwohl es sich eben nicht um einen Pakt der EU handelt, sondern um einen völkerrechtlichen Vertrag unter 25 der 27 Mitgliedstaaten der EU, ist er dennoch auf eine Art und Weise mit der EU verwoben, die eine Trennung von der EU künstlich erscheinen lässt. Diese enge Verwobenheit mit der EU führt neben europarechtlichen Fragen auch zu interessanten völkerrechtlichen und verfassungsrechtlichen Fragen, die in diesem Beitrag behandelt werden sollen. Insbesondere die Bestimmungen des Art. 3 Abs. 2 (innerstaatliche Umsetzung der Schuldenbremse samt automatischem Korrekturmechanismus), Art. 8 (Schiedsklausel) und Art. 14 (Inkrafttreten und Anwendbarkeit) sind hier von besonderem Interesse[3].

II. Die Schiedsklausel (Art. 8) und die Rolle des EuGH im Fiskalpakt

1. Hintergrund und Inhalt des Art. 8

Art. 8 bestimmt den EuGH als Streitbeilegungsorgan der Vertragsparteien. Völkerrechtliche Verträge enthalten typischerweise immer Streitbeilegungsmechanismen, wobei zwischen Verhandlungslösungen (Vertragsparteien legen Streit auf dem Verhandlungsweg bei) und gerichtlichen Streitbeilegungsmechanismen (Anrufung internationaler Gerichte oder Einberufung von ad hoc Schiedsgerichten) differenziert werden kann. Art. 273 AEUV räumt dabei den Mitgliedstaaten ausdrücklich die Möglichkeit ein, den EuGH als Schiedsgericht in völkerrechtlichen Verträgen der Mitgliedstaaten untereinander einzusetzen, wenn die Streitigkeit „mit dem Gegenstand der Verträge [Anm.: d.h. EU-Verträge] in Zusammenhang" steht.

Art. 8 war im Verhandlungsprozess von Anfang an als eine der Kernbestimmungen des Fiskalpakts identifiziert worden. Es war klar, dass das Vertrauen der Märkte in die Eurozone nur dann verbessert werden könne, wenn die Verpflichtungen des Art. 3 Abs. 2 (nationale Umsetzung der Schuldenbremse und des automatischen Korrekturmechanismus) einer wirksamen Überwachung

---

2 Siehe *Kumin, Andreas J.*, Der „Fiskalpakt" der EU – Europarechtliche Betrachtungen über einen völkerrechtlichen Vertrag, abgedruckt in diesem Band, S. 49 ff.

3 Die völkerrechtlichen Fragestellungen zu Art. 8 und Art. 14 wurden bereits kurz im folgendem Beitrag angerissen, ohne jedoch näher ausgeführt werden zu können: *Bittner, Philip/Schusterschitz, Gregor*, Der Beitrag der EU zur Entwicklung des allgemeinen Völkerrechts, 2 EuR Beiheft (2012) 213 (221).

unterworfen werden. Daher schrieb schon das Mandat der Euro-Staats- und Regierungschefs vom 9. Dezember 2011 die Gerichtsbarkeit des EuGH für die Nichtumsetzung der Verpflichtungen der Vertragsparteien vor[4]. Die Erfahrung mit dem Gerichtssystem der EU hat gezeigt, dass in den letzten Jahrzehnten gerade zwei Komponenten dazu geführt haben, dass Vertragsverletzungsverfahren ein effizientes Mittel sind, um die Einhaltung des Unionsrechts sicherzustellen: 1) Die starke Rolle der Europäischen Kommission (Art. 258 Abs. 1 AEUV); und 2) Die Möglichkeit des EuGH, Strafzahlungen zu verhängen (Art. 260 Abs. 2 AEUV).

Beide Punkte galt es daher in der Schiedsklausel im Fiskalpakt abzubilden, ohne den Rahmen des Art. 273 AEUV zu sprengen. Angesichts der grundsätzlichen Unwilligkeit von Staaten, abstrakte Rechtsverletzungen, die nicht mit konkreten Schäden der verletzten Vertragspartei einhergehen, in einem multilateralen Streitbeilegungssystem bilateral aufzugreifen[5], wurde schon zu Beginn des Verhandlungsprozesses nach einer Möglichkeit gesucht, zu vermeiden, dass eine Vertragspartei eine andere klagen müsse, um ein Verfahren vor dem EuGH auszulösen. Dabei wurden verschiedene Modelle (Klage durch eine Staatengruppe, Rolle der Europäischen Kommission) geprüft. Um dann eine Einhaltung eines Spruchs des EuGH, dass eine Vertragspartei ihre Verpflichtungen aus Art. 3 Abs. 2 nicht umgesetzt hat, sicherzustellen, wurde ebenfalls der Wunsch geäußert, Strafzahlungen vorsehen zu können. Bei beiden Punkten war jedoch zu beachten, dass es sich beim Fiskalpakt eben nicht um Unionsrecht, sondern um einen völkerrechtlichen Vertrag handelt.

Die letztendlich gefundene Lösung bemüht sich dabei, einerseits den Grenzen des Art. 273 AEUV zu entsprechen, andererseits aber, so weit wie möglich, das Verfahren dem der Vertragsverletzungsverfahren (Art. 258 bis 260 AEUV) anzunähern. Ähnlich dem Vertragsverletzungsverfahren nach Art. 258 ff. AEUV unterscheidet Art. 8 zwischen zwei Verfahrensphasen und einem Vorverfahren:

Als eine Art Vorverfahren wird die Kommission zunächst aufgefordert, den Vertragsparteien zu gegebener Zeit einen Bericht über die Bestimmungen vorzulegen, die die Vertragsparteien gemäß Art. 3 Abs. 2 erlassen haben. Gelangt die Kommission dabei zu dem Schluss, dass eine Vertragspartei den Anforderungen des Art. 3 Abs. 2 nicht nachgekommen ist, wird der EuGH von einer oder meh-

---

4 Z 4 zweiter Anstrich des „Statement by the Euro Area Heads of State or Government", nicht nummeriertes Schriftstück des Europäischen Rates, abrufbar unter: http://www.consilium.europa.eu/uedocs/cms_data/docs/pressdata/en/ec/126658.pdf (zuletzt eingesehen am 5.10.2012).

5 Vgl. die nur selten aufgegriffene Möglichkeit von Staat-Staat-Klagen in Art. 259 AEUV und Art. 33 EMRK.

reren Vertragsparteien mit der Angelegenheit befasst. Da Art. 273 AEUV nur von Staaten spricht, ist nämlich eine formelle Rolle der Kommission im Verfahren ausgeschlossen. Um jedoch schon im Vorfeld klar zu stellen, welchen Vertragsparteien die möglicherweise unangenehme Rolle einer Klagsführung zukommt (das reduziert die Möglichkeit politischen Lobbyings), haben die Vertragsparteien anlässlich der Unterzeichnung des Fiskalpakts eine Regelung betreffend Art. 8 getroffen, wonach Kläger diejenigen Vertragsparteien sein werden, die zum Zeitpunkt der Veröffentlichung des Kommissionsberichts den Dreiervorsitz im Rat (Trio-Präsidentschaft) bilden[6]. Zudem ist in diesem Dokument festgehalten, dass die Klagseinbringung innerhalb von drei Monaten nach Vorliegen des Kommissionsberichts erfolgen soll. Diese Regelung ist nicht Teil des Vertrags, wird jedoch im Sinne des Art. 31 Abs. 2 lit. a des Wiener Übereinkommens über das Recht der Verträge (WVK) bei der Auslegung des Vertrags heranzuziehen sein.

Jede Vertragspartei, die der Auffassung ist, dass eine andere Vertragspartei den Verpflichtungen aus Art. 3 Abs. 2 nicht nachgekommen ist, kann darüber hinaus auch unabhängig vom Bericht der Kommission Klage vor dem EuGH führen.

Wird durch eine der Vertragsparteien oder eine Gruppe von Vertragsparteien Klage erhoben, kann der EuGH gemäß Art. 8 Abs. 1 über die Umsetzung des Art. 3 Abs. 2 absprechen (erste Phase des Schiedsverfahrens). Das Urteil des EuGH ist als Feststellungsurteil konzipiert und für die Verfahrensbeteiligten verbindlich; wurde eine Verletzung festgestellt, muss die betroffene Vertragspartei innerhalb einer vom EuGH festgelegten Frist die erforderlichen Maßnahmen treffen, um dem Urteil nachzukommen.

Hat eine Vertragspartei nicht alle nach einem (ersten) Urteil des EuGH gemäß Art. 8 Abs. 1 erforderlichen Maßnahmen getroffen, sieht Art. 8 Abs. 2 die Möglichkeit eines Folgeverfahrens vor, an dessen Ende Sanktionszahlungen stehen können (zweite Phase des Schiedsverfahrens). Auch dieses Verfahren kann auf Grund der Grenzen des Art. 273 AEUV lediglich von den Vertragsparteien eingeleitet werden, wobei auch hier allerdings die Möglichkeit vorgesehen ist, dass die Europäische Kommission eine entsprechende Bewertung vor einer Klagserhebung vornimmt. In diesem zweiten Verfahren können die klagenden Vertragsparteien dann auch die Verhängung finanzieller Sanktionen gemäß den von der Kommission „im Rahmen von Art. 260 (…) [AEUV] festgelegten Krite-

6 Vgl. Art. 1 Abs. 4 der Geschäftsordnung des Rates, ABl. L 325 vom 1.12.2009, S. 35 idgF.

rien verlangen“[7]. Stellt der EuGH fest, dass die betreffende Vertragspartei dem Ersturteil nicht nachgekommen ist, so kann er gegen diese Vertragspartei einen Pauschalbetrag oder ein Zwangsgeld verhängen[8]. Die gegen eine Vertragspartei, deren Währung der Euro ist, verhängten Beträge sind an den Europäischen Stabilitätsmechanismus (ESM) zu entrichten[9]. Von Vertragsparteien des Fiskalpakts, die nicht Vertragsparteien des ESM-Vertrags sind, werden die Zahlungen an den Gesamthaushaltsplan der Europäischen Union entrichtet.

2. Vereinbarkeit des Art. 8 mit den Vorgaben des Art. 273 AEUV

Art. 273 AEUV schreibt drei Voraussetzungen vor, unter denen eine Zuständigkeit des EuGH begründet werden kann: Es muss sich um eine Streitigkeit zwischen Mitgliedstaaten handeln, die Streitigkeit muss mit dem Gegenstand der EU-Verträge in Zusammenhang stehen und die Zuständigkeit muss im Rahmen eines Schiedsvertrags vereinbart worden sein.

All diese Voraussetzungen sind beim Fiskalpakt erfüllt. Der Fiskalpakt ist ein völkerrechtlicher Vertrag, damit handelt es sich um einen Schiedsvertrag iSd Art. 273 AEUV. Vertragsparteien sind ausschließlich EU-Mitgliedstaaten, damit ist auch die Voraussetzung erfüllt, dass die Streitigkeit zwischen EU-Mitgliedstaaten bestehen muss. Schließlich sind die Schuldenbremse samt Korrekturmechanismus Wege, um die primärrechtlich in Art. 126 AEUV und Protokoll Nr. 12 postulierte Haushaltsdisziplin wirksam umzusetzen, also steht der Fiskalpakt unzweifelhaft mit einem „Gegenstand der Verträge“ im Zusammenhang.

Diese Punkte wurden in den Verhandlungen und später in Reaktionen auch wissenschaftlicher Art nicht bezweifelt. Allerdings entzündete sich rasch Kritik an zwei wichtigen Elementen der Schiedsklausel des Art. 8: der Rolle der Europäischen Kommission und der Möglichkeit des EuGH, in Anlehnung an Art. 260 AEUV Strafzahlungen verhängen zu können. So vertrat beispielsweise

7 Vgl. die Mitteilung der Kommission zur Anwendung von Art. 260 AEUV, SEK [2005] 1658 idF. SEK [2011] 1024.

8 Zur Unterscheidung zwischen Pauschalbetrag und Zwangsgeld vgl. *Schweitzer, Michael/Hummer, Waldemar/Obwexer, Walter*, Europarecht. Das Recht der Europäischen Union, Wien 2007, Rn. 768.

9 Vertrag zur Einrichtung des Europäischen Stabilitätsmechanismus, BGBl. III Nr. 138/2012.

Pernice[10] die Meinung, dass u.a. die Kompetenz des EuGH, Strafzahlungen verlangen zu können, nicht mit Art. 273 AEUV vereinbar sei[11].

a) Rolle der Europäischen Kommission

Art. 273 AEUV schreibt zweifellos vor, dass die Mitgliedstaaten „Herren" des Verfahrens sein müssen. Das heißt, jegliche formelle Rolle der Kommission im Verfahren vor dem EuGH ist ausgeschlossen[12]. Diese Vorgabe wurde bei der Formulierung des Art. 8 und der dazu vereinbarten Regelung penibel eingehalten. Die Europäische Kommission erstellt zwar Berichte, kann aber nie selbst Klage führen. Auch sind die Vertragsparteien nicht an einen Bericht der Kommission gebunden, vielmehr können sie Klage führen, auch wenn ein Bericht der Kommission keine Verletzung der Verpflichtungen einer anderen Vertragspartei festgestellt hat, oder wenn die Kommission gar keinen Bericht zur fraglichen Vertragspartei erstellt hat. Mit dieser Lösung wurde einerseits der Rahmen des Art. 273 AEUV respektiert, andererseits aber der Tatsache Rechnung getragen, dass sich EU-Mitgliedstaaten untereinander nur äußerst ungern klagen, wie der recht zaghafte Rückgriff auf Art. 259 AEUV zeigt[13].

b) Möglichkeit der Verhängung von Strafzahlungen

Es steht außer Zweifel, dass die Vorschriften der EU-Verträge nicht *tel quel* zur Anwendung kommen können. Da sich der Fiskalpakt nicht innerhalb des Unionsrechts bewegt, kann im Fiskalpakt kein einfacher Verweis auf Art. 260 AEUV erfolgen. Aus diesem Grunde beschränkt sich Art. 8 Abs. 2 auf eine Zitierung des Art. 260 AEUV nur beim Antrag einer Vertragspartei auf Sanktionen (an den der EuGH nicht gebunden ist) und sieht eine lediglich sinngemäße Anwendung des Systems des Art. 260 AEUV („gemäß den von der Europäischen Kommission im Rahmen von Artikel 260 (…) festgelegten Kriterien.") vor. Der

---

10 International Agreement on a reinforced Economic Union, Legal opinion of *Pernice, Ingolf* (2012), abrufbar unter: http://www.greens-efa.eu/fileadmin/dam/Documents/Background_notes/International_Agreement_on_a_Reinforced_Economic_Union /International_Agreement_on_a_Reinforced_Economic_Union.pdf (zuletzt eingesehen am 23.10.2012).

11 *Bittner/Schusterschitz* (Fn. 3), 13.

12 So auch *Pernice* (Fn. 10), 24.

13 *Karpenstein, Ulrich* in: *Grabitz, Eberhard/Hilf, Meinhard/Nettesheim, Martin* (Hrsg.), Das Recht der Europäischen Union, Band III, 49. Ergänzungslieferung, Art. 259 AEUV, Rn. 7.

EuGH wird sodann in Art. 8 Abs. 2 ausdrücklich ermächtigt, finanzielle Sanktionen zu verhängen, ohne dass in dieser Ermächtigung die EU-Verträge erwähnt würden. Rechtsgrundlage für die Verhängung von finanziellen Sanktionen ist damit ausschließlich Art. 8. Insofern stellt Art. 260 AEUV keine Rechtsgrundlage dar. In diesem Zusammenhang stellt sich allerdings die Frage, ob Art. 273 AEUV eine ausreichende Rechtsgrundlage für derart weitreichende Kompetenzen des EuGH bietet[14].

Art. 273 AEUV erlaubt es den EU-Mitgliedstaaten unter gewissen Umständen, den EuGH in völkerrechtlichen Verträgen als Schiedsgericht einzusetzen. Damit wird deutlich, dass zwar ein inhaltlicher Bezug zu den EU-Verträgen vorhanden sein muss, die betreffenden Mitgliedstaaten sich jedoch ansonsten ausschließlich im Bereich des Völkerrechts bewegen[15]. Unionsrechtlich gefordert und notwendig ist ausschließlich die Ermächtigung, einem Unionsorgan ohne Zustimmung der anderen Mitgliedstaaten Zuständigkeiten einzuräumen. Die Frage, welche konkrete Rolle dem EuGH zukommt, welches Recht er zu prüfen hat und welche Kognitionskompetenz ihm zukommt, ist im konkreten Vertrag zu regeln. Da es sich um eine Klausel in einem völkerrechtlichen Vertrag handelt, die keinen Bezug zum Unionsrecht aufweist, bemisst sich die Reichweite der Möglichkeiten, die den Vertragsparteien gemäß Art. 273 AEUV zukommen, ausschließlich nach Völkerrecht. Das heißt, für Fragen der Entscheidungskompetenz und für Fragen des anwendbaren Rechts, spielen ausschließlich die völkerrechtlichen Schranken eine Rolle. Damit ist zu prüfen, ob die in der Schiedsklausel vorgesehenen Regelungen völkerrechtlich zulässig sind oder nicht, eine zusätzliche unionsrechtliche Prüfung kommt nicht in Frage (solange nicht allgemein gegen Unionsrecht verstoßen wird, wie dies grundsätzlich für alle völkerrechtlichen Verträge der Mitgliedstaaten gilt).

Das heißt, es ist zu prüfen, ob das Völkerrecht Schiedsklauseln untersagt, in denen eine Strafzahlung vorgesehen ist. Erst dann kann entschieden werden, ob Art. 8 den Vorgaben des Art. 273 AEUV Genüge tut. Dabei soll zunächst untersucht werden, ob es im Völkerrecht generell die Möglichkeit von Strafzahlungen gibt, d.h. von Zahlungen für die abstrakte Verletzung von Rechtspflichten, ohne dass ein konkreter materieller Schaden entstanden wäre. Gibt es bereits im allgemeinen Völkerrecht diese Möglichkeit, muss es ja erst recht möglich sein,

14 *Pernice* bestreitet dies ausdrücklich („Giving the ECJ the power to impose fines in analogy to article 260 TFEU would not be covered by Article 273 TFEU“), ohne dies jedoch näher zu begründen; *Pernice* (Fn. 10), 13.

15 Vgl. *Karpenstein* (Fn. 13), Art. 273 AEUV, Rn. 15, demnach der EuGH grundsätzlich unter Rückgriff auf das Völkerrecht zu entscheiden hat.

diese bereits gewohnheitsrechtlich mögliche Sanktion auch vertraglich vorzusehen.

Mit der Einrichtung des Ständigen Schiedshofs durch die Art. 20 ff. des I. Übereinkommens der Haager Friedenskonferenz 1899[16] wurde das Konzept der schiedsgerichtlichen Beilegung von Streitigkeiten zwischen Staaten deutlich aufgewertet und erhielt auch eine permanente Einrichtung. Auch wenn Verhandlungen zwischen den Staaten grundsätzlich bevorzugt werden, gibt es doch eine steigende Anzahl von Verträgen, die Schiedsklauseln enthalten, vor allem dann, wenn es um finanzielle Fragen wie Investitionsschutz usw. geht[17]. Schiedsgerichte sprechen dabei über Vorwürfe von Verletzungen völkerrechtlicher Normen ab, entweder von völkerrechtlichen Verträgen oder anderer völkerrechtlicher Normen (Gewohnheitsrecht usw.). In zwischenstaatlichen Streitfällen[18] geht es damit um die Frage, ob ein Staat seine völkerrechtlichen Pflichten verletzt hat, also Staatenverantwortlichkeit entstanden ist[19]. Das Völkerrecht bietet verschiedene prozessuale und materielle Möglichkeiten, Staatenverantwortlichkeit wahrzunehmen. Aus prozessualer Sicht neben Verhandlungen, Vermittlungsverfahren auch schiedsgerichtliche Verfahren vor permanenten Gerichtshöfen (IGH, ITLOS usw., aber natürlich auch EuGH) oder vor ad hoc Schiedsgerichten[20].

In materieller Hinsicht wird durch die Streitbeilegungsmechanismen hauptsächlich das Ziel verfolgt, den durch die Völkerrechtsverletzung entstandenen Schaden soweit es geht wieder gutzumachen und die in ihren Rechten verletzte Partei so zu stellen, als ob es nie zu einer Verletzung gekommen wäre. Dies schließt auch finanzielle Leistungen mit ein. In den meisten Streitbeilegungsverfahren geht es um einen konkreten Schaden, den ein Staat erlitten hat, und daher

16 RGBl. Nr. 173/1913.

17 Zur Geschichte der internationalen Schiedsgerichtsbarkeit vgl. *Brower, Charles H.*, Arbitration, in: *Wolfrum, Rüdiger* (Hrsg.), The Max Planck Encyclopedia of Public International Law, Oxford 2010, abrufbar unter: www.mpepil.com (zuletzt eingesehen am 1.7.2013), Rn. 9 - 41.

18 In den letzten Jahrzehnten nahm die Bedeutung der sog. „mixed arbitration" stark zu, d.h. Schiedsverfahren, in denen nur einer der Beteiligten ein Staat ist, der andere aber eine Privatperson, im Investitionsbereich sog. „Investor-Staat-Verfahren".

19 Vgl. dazu die Artikelentwürfe der VN-Völkerrechtskommission (ILC) zur Staatenverantwortlichkeit, die das geltende Völkergewohnheitsrecht darstellen sollen; VN-Dokument Nr. A/56/10.

20 Im Rahmen des Oberbegriffs Streitbeilegungsverfahren wird zwischen diplomatischen und rechtlichen Streitbeilegungsverfahren, innerhalb der rechtlichen Streitbeilegungsverfahren zwischen „arbitration" (ad hoc Schiedsgerichtsbarkeit) und judicial settlement (ständige Gerichtshöfe) unterschieden, vgl. *Brower* (Fn. 17), Rn. 2-7.

werden finanzielle Leistungen regelmäßig in Form eines Schadenersatzes vorgeschrieben. Hinsichtlich der möglichen Methoden der Wiedergutmachung sieht das Völkerrecht aber eine ganze Reihe von Maßnahmen vor, die der verletzte Staat verlangen und die von Schiedsgerichten verhängt werden können[21]. Dazu zählt die Wiedereinsetzung in den vorigen Stand (Restitution, Art. 35 Artikelentwürfe für Staatenverantwortlichkeit). Wo dies nicht möglich ist, gibt es die Möglichkeit des Schadenersatzes (Art. 36 Artikelentwürfe für Staatenverantwortlichkeit). Sofern aber weder eine Restitution noch ein Schadenersatz möglich ist, bietet Art. 37 der Artikelentwürfe für Staatenverantwortlichkeit auch die Möglichkeit der Genugtuung[22]. Eine solche Genugtuung soll v.a. immaterielle Schäden abdecken, d.h. „moralischen Schaden" und auch „rechtlichen Schaden"[23]. Der moralische Schaden betrifft v.a. die Würde eines Staates (z.B. Missachtung diplomatischer Privilegien und Immunitäten, Missachtung der Staatssymbole), während der „rechtliche Schaden" (legal damage) in der Verletzung eines rechtlich geschützten Werts an sich besteht[24]. Die zunehmende Anerkennung eines rechtlichen Schadens, der zur Staatenverantwortlichkeit führt, ist dabei ein eher jüngeres Phänomen der letzten Jahrzehnte, bringt aber einen gewissen Paradigmenwechsel im Völkerrecht zum Ausdruck, demnach das Konzept der Staatenverantwortlichkeit zunehmend vom früheren Konzept einer privatrechtlich angebundenen Haftung abrückt und sich in Richtung einer Garantie einer internationalen Legalität bewegt[25].

Hinsichtlich der möglichen Maßnahmen der Genugtuung bleibt Art. 37 Abs. 2 der Artikelentwürfe zur Staatenverantwortlichkeit offen: „Die Genugtuung kann in Form des Geständnisses der Verletzung, eines Ausdrucks des Bedauerns, einer förmlichen Entschuldigung oder auf andere geeignete Weise geleistet werden." Aus dieser Formulierung wird deutlich, dass bei der Genugtuung hauptsächlich an symbolische Maßnahmen gedacht wird: Finanzielle Maßnahmen sollen primär im Zuge von Restitution bzw. Schadenersatz zum Tragen kommen, Genugtuung soll sich primär auf die

---

21 Art. 34 der Artikelentwürfe der ILC zur Staatenverantwortlichkeit (Fn. 19).

22 Allgemein dazu siehe auch *Wittich, Stephan*, Non-material Damage and Monetary reparation in International Law, 15 Finnish Yearbook of International Law (2004), 321; und: *Dumberry, Patrick*, Satisfaction as a Form of Reparation for Moral Damages Suffered by Investors and Respondent States in Investor-State Arbitration Disputes, 3 Journal of International Dispute Settlement (2012) 1 (10 ff.).

23 *Hoss, Christina*, Satisfaction, in: *Wolfrum, Rüdiger* (Hrsg.), The Max Planck Encyclopedia of Public International Law, Oxford 2010, abrufbar unter: www.mpepil.com (zuletzt eingesehen am 1.7.2013), Rn. 7.

24 Ebd. Rn. 10.

25 Ebd.

Würde des Verletzten beziehen. Allerdings sind andere als symbolische Maßnahmen nicht ausgeschlossen („oder auf eine andere geeignete Weise", Art. 37 Abs. 2 der Artikelentwürfe zur Staatenverantwortlichkeit[26]). Aus diesem Grunde prüfen internationale Schiedsgerichte immer wieder diese Frage. Einen wichtigen Schritt in Richtung einer finanziellen Abgeltung eines immateriellen Schadens tat das Schiedsgericht im Streit zwischen Neuseeland und Frankreich (Rainbow Warrior-Fall, Schiedsspruch vom 30. April 1990[27]). Neben einer Reihe von verschiedenen Maßnahmen wie Schadenersatz und einer formellen Entschuldigung wurde Frankreich dazu angehalten, zwei Millionen Dollar für einen Fonds zur Förderung der Freundschaft zwischen Frankreich und Neuseeland zur Verfügung zu stellen[28]. Das Schiedsgericht nimmt ausdrücklich das Recht für sich in Anspruch, finanzielle Leistungen verlangen zu können „in respect of the breach of international obligations involving, as here, serious moral and legal damage, even though there is no material damage."[29] Wenn auch das Schiedsgericht letztendlich keine Verpflichtung vorsieht, „empfiehlt" es aber die Erlegung der oben genannten Summe. Damit wurde eine finanzielle Leistung für die Genugtuung eines „rechtlichen Schadens" vorgesehen. Im Fall „I'm Alone" sprach das Schiedsgericht Kanada ebenfalls eine finanzielle Genugtuung zu, ohne auf einen allfälligen materiellen Schaden zu achten[30].

Die oben angeführten Fälle zeigen, dass es sogar ohne ausdrückliche Regelungen in einem Vertrag möglich ist, finanzielle Sanktionen für eine Rechtsverletzung vorzusehen, ohne dass ein materieller Schaden entstanden wäre. Wenn es also nach Gewohnheitsrecht bereits eine Möglichkeit der Wahrnehmung der Staatenverantwortlichkeit ist, muss es erst recht möglich sein, derartige Sanktionen in einem völkerrechtlichen Vertrag explizit vorzusehen. Nicht zuletzt ist ja auch Art. 260 AEUV ein Beispiel für die vertragliche Verankerung von finanziellen Leistungen für einen „legal damage" (Integrität des Unionsrechts)[31]. Art. 8 sieht Strafzahlungen dann vor, wenn eine Vertragspartei ihre Verpflichtungen aus Art. 3 Abs. 2 nicht erfüllt. Damit wird

26 Im Kommentar zur den Artikelentwürfen erwähnt die ILC ausdrücklich die Möglichkeit finanzieller Genugtuung: „award of symbolic damages for non-pecuniary injuries."; Artikelentwürfe (Fn. 19), 106.

27 *Rainbow Warrior (Frankreich v. Neuseeland)*, XX UNRIAA 215.

28 Punkt 9 des Schiedsspruchs, *ibid.* 275.

29 *Ibid.* Rn. 118.

30 *S.S. „I'm Alone" (Kanada v. USA),* III UNRIAA 1618. Auch der Fall *„Heirs of Jean Maninat (Frankreich v. Venezuela)*, V UNRIAA 55, wird als Beispiel für eine Strafzahlung für eine Rechtsverletzung herangezogen; siehe *Wittich* (Fn. 22), 356.

31 Aus diesem Grunde führt Hoss das System der Art. 258-260 AEUV als vertragliche Genugtuungsregelung an, *Hoss* (Fn. 23), Rn. 37.

der mangelnde Respekt vor rechtlichen Verpflichtungen geahndet, auch wenn keinerlei materieller Schaden eingetreten ist[32]. Auf Grund der Vertrautheit des Völkerrechts mit diesem Konzept widerspricht Art. 8 nicht dem Völkerrecht und ist daher Art. 8 von der Ermächtigung des Art. 273 AEUV abgedeckt.

III. Die Inkrafttretensklausel (Art. 14)

Weitere interessante völkerrechtliche Fragen ergeben sich bei der Analyse der Inkrafttretens- und Anwendungsbestimmungen in Art. 14, die zum Teil als verunglückt zu bezeichnen sind.

Art. 14 Abs. 2 bestimmt, dass der Fiskalpakt in Kraft tritt, sobald zwölf Vertragsparteien, deren Währung der Euro ist, ihn ratifiziert haben. Als Inkrafttretensdatum ist zudem der 1. Jänner 2013 angeführt, diese Datumsangabe hat allerdings keine rechtlichen Auswirkungen und ist lediglich als politisches Zieldatum anzusehen, da, sollten zwölf Ratifikationen vor diesem Datum vorliegen, auch ein früheres Inkrafttreten nicht ausgeschlossen ist[33]. Wie in multilateralen Verträgen üblich wird also in Art. 14 Abs. 2 das objektive Inkrafttreten des Fiskalpakts bestimmt[34], in Folge fehlt jedoch eine Bestimmung über das subjektive Inkrafttreten für die restlichen Eurostaaten, die den Vertrag erst nach dem objektiven Inkrafttreten ratifizieren. Multilaterale Verträge enthalten jedoch immer Bestimmungen einerseits über das objektive Inkrafttreten des Vertrages und andererseits über das subjektive Inkrafttreten für Staaten, die den Vertrag erst nach objektivem Inkrafttreten ratifizieren[35]. Diese wichtige Differenzierung wird auch

---

32 Es mag zwar sein, dass durch die Nichtumsetzung der Verpflichtungen den anderen Vertragsparteien indirekte Schäden drohen, z.B. höhere Zinsen für Staatsanleihen auf Grund des geringeren Vertrauens der Märkte in die Robustheit der Euroregion angeboten werden müssen. Diese potenziellen Schäden werden aber wohl nur schwer quantifizierbar sein und spielen für die Bemessung der Höhe der Strafzahlungen auch keine Rolle. Damit hat die in Art. 8 vorgesehene Möglichkeit der Verhängung von Strafzahlungen eindeutig einen „pönalen“ Charakter und nicht den eines zivilrechtlichen Schadenersatzes.

33 Im Gegensatz zu beispielsweise Art. 6 des Vertrags von Lissabon, der den 1. Jänner 2009 als frühestes Inkrafttretensdatum genannt hat. Der Fiskalpakt ist allerdings dann tatsächlich genau am 1. Jänner 2013 in Kraft getreten.

34 Vgl. Art. 84 Abs. 1 des Wiener Übereinkommens über das Recht der Verträge (WVK), BGBl. Nr. 40/1980, der das Vorliegen von 35 Ratifikationen für das objektive Inkrafttreten vorschreibt.

35 Vgl. Art. 84 Abs. 2 WVK, der für Staaten, die nach dem objektiven Inkrafttreten gem. Art. 84 Abs. 1 ratifizieren, vorschreibt, dass das Übereinkommen für diese Staaten am dreißigsten Tag nach Hinterlegung der Urkunde in Kraft tritt.

in der horizontalen Vorschrift der Art. 24 WVK vorgenommen. Wie erwähnt, fehlt jedoch der zweite Teil im Art. 14 des Fiskalpakts. Art. 14 Abs. 3 und Abs. 4 spricht im englischen Text (der Grundlage der Verhandlungen war[36]) nur mehr von „apply“, d.h. „anwenden“. Gemäß Art. 14 Abs. 3 ist der Vertrag für die Vertragsparteien, die ihn beim objektiven Inkrafttreten ratifiziert haben, ab dem Inkrafttreten anwendbar, für Eurostaaten, die später ratifizieren, ab dem ersten Tag des auf die Hinterlegung ihrer Ratifikationsurkunde folgenden Monats. Gemäß Art. 14 Abs. 4 ist Titel V (zu den institutionellen Bestimmungen zur Eurogruppe) für alle Eurostaaten ab objektivem Inkrafttreten anwendbar[37]. Der englische Vertragstext regelt daher die „Anwendung“ des Vertrags für „Spätratifizierer“, aber nie das Inkrafttreten. Die deutsche Sprachfassung versucht offenbar, diesen konzeptionellen Fehler der englischen Sprachfassung etwas zu korrigieren, indem das englische Verb „apply“ mit „gelten“ übersetzt wird und nicht mit dem (eigentlich sprachlich korrekten) „anwendbar sein“. Aber auch in der deutschen Sprachfassung bleibt das Grundproblem, dass ein Vertrag, der formell nie für die Vertragspartei in Kraft tritt, gilt. Österreich hat im Zug der Verhandlungen versucht, auf dieses Problem aufmerksam zu machen, es gelang aber offenbar nicht, die anderen Staaten davon zu überzeugen, eine völkerrechtlich saubere Lösung zu suchen.

Da es nicht gelungen ist, Art. 14 anders zu formulieren, bestehen nun zwei Möglichkeiten der Auslegung.

Erstens könnte argumentiert werden, Inkrafttreten und Anwendbarkeit (bzw. Geltung in der deutschen Sprachfassung) seien für die subjektive Wirkung für eine Vertragspartei dasselbe. Staaten, die nach dem objektiven Inkrafttreten ratifizieren, werden Vertragsparteien (d.h. subjektives Inkrafttreten), sobald der in Art. 14 Abs. 3 und Abs. 5 (für Nichteurostaaten) genannte Zeitpunkt eintritt. D.h. im Falle von Nichteurostaaten ratifizieren sie zwar den Fiskalpakt, er tritt für sie aber nie in Kraft, da er nicht anwendbar wird (solange sie nicht dem Euro beitreten). Diese Auslegungsvariante erklärt aber nicht, warum in Art. 14 Abs. 3 erster Satz nochmals wiederholt wird, dass der Vertrag für die ersten zwölf Vertragsparteien ab dem objektiven Inkrafttreten „gilt“. Würden Inkrafttreten und Geltung synonym verwendet, bräuchte es diesen Satz nicht. Damit könnte argumentiert werden, das Wort „Inkrafttreten“ im Art. 14 Abs. 1 steht für das objek-

36 Für Eurokraten ein wichtiges Indiz, dass der Fiskalpakt kein Primärrecht ist. Der Vertrag von Lissabon war noch auf der Grundlage der französischen Sprachfassung verhandelt worden.

37 Für Vertragsparteien, die erst nach objektivem Inkrafttreten ratifizieren, handelt es sich bei Art. 14 Abs. 4 damit um einen Fall der provisorischen Anwendung eines völkerrechtlichen Vertrags.

tive Inkrafttreten, während das Wort „Geltung" nur auf das subjektive Inkrafttreten abstellt (dies würde auch Art. 14 Abs. 3 erster Satz erklären), d.h. „Geltung" meint eigentlich „subjektives Inkrafttreten".

Zweitens könnte auch wie folgt argumentiert werden: Viele völkerrechtliche Verträge und auch Rechtsakte des EU-Sekundärrechts unterscheiden ausdrücklich zwischen Inkrafttreten und Anwendung/Geltung, eine Vorschrift kann zwar in Kraft treten, aber noch nicht anwendbar sein; dies kommt gerade im Bereich von Übergangsbestimmungen immer wieder vor[38]. Daher kann nicht davon ausgegangen werden, dass die terminologische Differenzierung in Art. 14 Abs. 2 bis 4 nicht beabsichtigt ist. Auch Art. 14 Abs. 3 erster Satz deutet darauf hin, dass ein materieller Unterschied zwischen Inkrafttreten und Geltung/Anwendbarkeit intendiert ist. Wann tritt aber dann der Vertrag für Staaten, die nicht zu den ersten Zwölf gehören, in Kraft? Der Fiskalpakt trifft dazu keine Aussage, enthält also eine Lücke, die geschlossen werden muss. Im internationalen Vertragsrecht gilt die grundsätzliche Regel, dass dann, wenn der konkrete Vertrag keine Aussage trifft, die Regeln der WVK subsidiär zur Anwendung kommen. Im gegenständlichen Fall wäre daher auf Art. 24 Abs. 3 WVK zurückzugreifen, der vorschreibt, dass für Staaten, die einen Vertrag ratifizieren, der bereits objektiv in Kraft ist, dieser nach Hinterlegung der Ratifikationsurkunde in Kraft tritt. Art. 14 Abs. 3 und 4 regeln dann nur mehr die Geltung/Anwendbarkeit: D.h. ratifiziert ein Eurostaat nach dem objektiven Inkrafttreten, tritt der Vertrag gemäß der subsidiär zur Anwendung kommenden Regel des Art. 24 Abs. 3 WVK am Tag nach der Hinterlegung der Ratifikationsurkunde in Kraft, er gilt aber dann gemäß Art. 14 Abs. 3 erst ab Monatserstem des Folgemonats.

Nun könnte natürlich eingewandt werden, dass dies eine Frage ist, die höchstens ein paar Völkerrechtler interessiert. Letztendlich ist es, wenn man der ersten Lösung folgt, lediglich eine terminologische Unschärfe, die angesichts der großen Bedeutung der materiellen Bestimmungen des Fiskalpakts für das Überleben des Euro in den Hintergrund zu treten hat. Bei der zweiten Lösung fällt das Inkrafttreten und die Geltung lediglich um maximal wenige Wochen auseinander, was auch vernachlässigbar ist. Doch leider hat diese Fragestellung große Bedeutung für eine der Kernfragen des Fiskalpakts, nämlich des Zeitrahmens innerhalb dessen die Vertragsparteien ihre Verpflichtung aus Art. 3 Abs. 2, eine

38 Vgl. Art. 91 Abs. 1 und Abs. 2 der Verordnung (EG) Nr. 883/2004 zur Koordinierung der Systeme der sozialen Sicherheit (ABl. Nr. 166 vom 30.4.2004, S.1). Gemäß Art. 91 Abs, 1 tritt die Verordnung mit Kundmachung im Amtsblatt in Kraft, „gilt" jedoch erst mit Inkrafttreten der Durchführungsverordnung (Art. 90 Abs. 1 spricht demgegenüber von der „Anwendung"), d.h. ab 30.10.2009.

Schuldenbremse und einen Korrekturmechanismus einzuführen, umzusetzen haben.

Art. 3 Abs. 2 schreibt vor, dass die Vertragsparteien die Schuldenbremse samt Korrekturmechanismus „spätestens ein Jahr nach Inkrafttreten dieses Vertrages" eingeführt haben müssen. Nun ist zu klären, was mit dem Ausdruck „Inkrafttreten" in Art. 3 Abs. 2 genau gemeint ist. Wählt man die erste Auslegungsvariante, d.h. man legt den Vertrag wörtlich aus, wäre auf die Vorschrift des Art. 14 Abs. 1 abzustellen, da der Vertrag nur dort das Wort Inkrafttreten verwendet (er spricht nicht von Geltung bzw. Anwendbarkeit, nur diese Ausdrücke umschreiben bei der ersten Lösungsvariante das subjektive Inkrafttreten!), wäre daher ein Umsetzungsdatum von 1. Jänner 2014 (da der Vertrag am 1. Jänner 2013 objektiv in Kraft getreten ist) für alle Vertragsparteien anzunehmen, egal, wann sie den Vertrag ratifizieren. D.h. ein Eurostaat, der im September 2013 seine Ratifikationsurkunde hinterlegt, hätte nur drei Monate Zeit, die Verpflichtung des Art. 3 Abs. 2 umzusetzen (Oktober bis Dezember 2013), ein Eurostaat, der gar erst im März 2014 ratifiziert, könnte theoretisch sofort nach Beginn der Geltung mit einer Klage nach Art. 8 konfrontiert werden, sofern er – ohne völkerrechtlich durch den Fiskalpakt gebunden zu sein - Schuldenbremse und Korrekturmechanismus nicht schon am 1. Jänner 2014 in seinem Recht umgesetzt hatte. Dies würde damit zu dem absurden Ergebnis führen, dass die Umsetzungsfrist vor Ratifikation abgelaufen sein könnte. Allerdings wäre dies natürlich ein sehr wirksamer Motivationsschub für Eurostaaten, den Fiskalpakt möglichst rasch zu ratifizieren[39]

Folgt man demgegenüber der zweiten Auslegungsvariante, bemisst sich der Umsetzungszeitraum individuell. Egal wann eine Vertragspartei ihre Ratifikationsurkunde hinterlegt, sie hat in jedem Fall ein Jahr ab Hinterlegung Zeit, um die Verpflichtungen des Art. 3 Abs. 2 umzusetzen.

Das heißt, je nachdem, wie man die Regeln des Art. 14 auslegt, kann auch die Umsetzungsfrist des Art. 3 Abs. 2 unterschiedlich ausgelegt werden.

IV. Verfassungsrechtliche Fragestellungen

Neben europarechtlichen und völkerrechtlichen Fragestellungen ergaben sich bei der Verhandlung und innerstaatlichen Genehmigung des Fiskalpakts auch eine Reihe von verfassungsrechtlichen Fragen, so die Frage der innerstaatlichen Behandlung der Regelung zu Art. 8, die verfassungsrechtliche Behandlung der

39 Was dem politischen Ziel des Fiskalpakts durchaus entspricht.

Verpflichtungen in Art. 3 Abs. 2 und letztendlich die Frage des anwendbaren innerstaatlichen Genehmigungsverfahrens.

1. Die Behandlung der Regelung zu Art. 8 im innerstaatlichen Genehmigungsverfahren

Bei der Regelung zu Art. 8 handelt es sich, wie oben dargelegt, um eine Absprache der Vertragsparteien gemäß Art. 31 Abs. 2 lit. a WVK über die Auslegung des Art. 8. Sie bildet jedoch keinen Bestandteil des Vertrages (im Gegensatz zu Vorbehalten). Damit kann sie auch nicht Gegenstand des parlamentarischen Genehmigungsverfahrens nach Art. 50 B-VG sein. Gleichzeitig war jedoch der politische Wunsch auf Seiten der Bundesregierung vorhanden, das Parlament vollständig zu informieren. Aus diesem Grunde entschied man sich dafür, die Regelung der Vereinbarung inhaltlich in den erläuternden Bemerkungen zur Regierungsvorlage zu beschreiben[40]. Zusätzlich wurde der Text der Vereinbarung den erläuternden Bemerkungen in der Regierungsvorlage als Anhang beigefügt. Mit dieser Lösung wurde sichergestellt, dass das Parlament vollumfänglich informiert wurde, ohne die parlamentarische Genehmigung auf Bereiche auszudehnen, die von Art. 50 B-VG nicht erfasst sind.

2. Verfassungsrechtliche Behandlung des Art. 3 Abs. 2

Im Zuge der politischen Diskussionen zum Fiskalpakt wurde früh problematisiert, ob die Bestimmung des Art. 3 Abs. 2 nicht einer eigenen verfassungsgesetzlichen Ermächtigung bedürfe. Art. 3 Abs. 2 verlangt, dass die Vertragsparteien Schuldenbremse und Korrekturmechanismus in „Bestimmungen, die verbindlicher und dauerhafter Art sind, vorzugsweise mit Verfassungsrang“ umzusetzen sind. Es könnte daher argumentiert werden, dass diese Bindung des zukünftigen Rechtssetzers bereits jetzt durch diesen erfolgen müsse. Diese Ansicht übersieht jedoch zweierlei. Einerseits, dass es sich um eine nur völkerrechtliche Bindung handelt, zukünftig auf eine gewisse Art und Weise zu handeln. Die künftige Handlung hat dann gemäß den dafür geltenden Verfahrensregeln zu erfolgen. Andererseits übersieht die oben zitierte Ansicht auch, dass Art. 3 Abs.

40 Vgl. die gleiche Vorgangsweise in der Regierungsvorlage für das Bundesgesetz zur Regelung der österreichischen Mitwirkung am 1997 eingerichteten internationalen Raubgoldfonds, dessen Satzung in den erläuternden Bemerkungen inhaltlich dargestellt wurde, ohne die Satzung zum Gegenstand der parlamentarischen Genehmigung zu machen. Siehe RV 1429 der Beilagen zu den stenographischen Protokollen des Nationalrats (XX. GP).

2 nicht vorgibt, wie die Vorschriften innerstaatlich umzusetzen sind. Ursprünglichen Vorschlägen, eine Umsetzungspflicht in der Verfassung der Staaten vorzusehen, wurde nicht gefolgt und vielmehr lediglich die höhere Bestandskraft der Schuldenbremse samt Korrekturmechanismen verlangt. Es obliegt in der Folge daher den rechtssetzenden Organen der einzelnen Vertragsparteien, in welcher Form die Verpflichtung des Art. 3 Abs. 2 umzusetzen sein wird. In Österreich ist neben einem Verfassungsgesetz auch eine Vereinbarung gemäß Art. 15a B-VG (Vereinbarung Bund-Länder) denkbar, die durch den einfachen Gesetzgeber allein nicht abgeändert werden könnte, also den Vorgaben des Art. 3 Abs. 2 genügen würde. Die Erlassung eines Sonderverfassungsgesetzes, das den Abschluss des Fiskalpakts erlauben würde, würde daher keinen Mehrwert bedeuten, sollte der Weg einer Vereinbarung nach Art. 15a B-VG beschritten werden. Damit war es nur konsequent, den Fiskalpakt als Staatsvertrag gemäß Art. 50 B-VG zu behandeln.

3. Das innerstaatliche Genehmigungsverfahren (Art. 50 Abs. 1 Ziff. 1 B-VG v. Art. 50 Abs. 1 Ziff. 2 B-VG)

In der innerstaatlichen Diskussion ist gelegentlich das Argument verwendet worden, die Genehmigung des Fiskalpakts hätte gemäß Art. 50 Abs. 1 Ziff. 2 B-VG erfolgen müssen, da durch den Fiskalpakt die vertraglichen Grundlagen der EU geändert würden. In diesem Fall würde es nämlich einer Verfassungsmehrheit bedürfen (Art. 50 Abs. 4 B-VG). Grundfrage ist hier, wie der Ausdruck „vertragliche(…) Grundlagen der Europäischen Union“ in Art. 50 Abs. 1 Ziff. 2 B-VG zu verstehen ist. Wird er „materiell“ verstanden, d.h. ein Staatsvertrag ändert die vertraglichen Rahmenbedingungen für die EU allgemein, könnte argumentiert werden, dass auch Verträge, die das Primärrecht unberührt lassen, unter dieser Klausel zu subsumieren sind[41]. Dann würde der Fiskalpakt (wie wohl auch der ESM-Vertrag) in der Tat unter diese Klausel fallen. Diese Sichtweise ist jedoch als verfehlt zu betrachten. Aus der Verhandlungsgeschichte der Verfassungsnovelle 2008, in der die beiden Kategorien des Art. 50 Abs. 1 B-VG eingeführt wurden, wird erkennbar, dass die Bestimmung der Art. 50 Abs. 1 Ziff. 2 B-VG ausschließlich für Primärrechtsänderungen gedacht war[42]. In die-

41 Dies wären dann wohl auch alle Verträge, die eine Schiedsklausel gemäß Art. 273 AEUV enthalten, weil sie ja einen Bereich regeln müssen, der „mit dem Gegenstand der Verträge in Zusammenhang“ steht.

42 Siehe Erläuterungen zu Ziff. 10 der Regierungsvorlage zum BVG, mit dem das B-VG geändert und ein Erstes Bundesverfassungsrechtsbereinigungsgesetz erlassen wird, RV 314 der Beilagen zu den stenographischen Protokollen des Nationalrats (XXIII. GP).

sem Sinne ist also Art. 50 Abs. 1 Ziff. 2 B-VG „formal“ zu verstehen, d.h. er kommt nur dann zur Anwendung, wenn EU-Primärrecht auf Grund dessen eigenen Vertragsänderungsverfahren geändert wird. Ein Vertrag ist dann innerstaatlich nach Art. 50 Abs. 1 Ziff. 2 B-VG zu behandeln, wenn er nach den Regeln der Art. 48 bis 50 EUV erzeugt wurde (d.h. Änderungsverträge, Beitritts- und Austrittsverträge, letzteres dann, wenn es Österreich betreffen würde). Wurde ein im Rahmen der EU abgeschlossener Vertrag nicht nach diesen Bestimmungen behandelt, ist auch die Anwendung des Art. 50 Abs. 1 Ziff. 2 B-VG ausgeschlossen. Diese Parallelität der Abschluss- bzw. Genehmigungsverfahren bedingt schon die Achtung der Autonomie des Unionsrechts: nur das Unionsrecht selbst kann bestimmen, wann es geändert wird. Würde die Wahl zwischen den beiden Kategorien in Art. 50 Abs. 1 B-VG den österreichischen Organen überlassen, würde dies bedeuten, dass österreichische Organe eine Aussage darüber treffen, ob ein Vertrag die vertraglichen Grundlagen (d.h. Primärrecht) der EU ändert, egal welche Ansicht die EU-Organe bzw. die EU-Mitgliedstaaten dazu hatten und dies würde die Autonomie der Unionsrechtsordnung verletzen. Da der Fiskalpakt ein völkerrechtlicher Vertrag unter EU-Mitgliedstaaten ist und die Verfahren der Art. 48 bis 50 EUV nicht zu Anwendung kamen, war eine Genehmigung des Fiskalpakts gemäß Art. 50 Abs. 1 Ziff. 2 B-VG ausgeschlossen, die damit gemäß Art. 50 Abs. 1 Ziff. 1 B-VG (einschließlich Zustimmung des Bundesrats gemäß Art. 50 Abs. 2 Ziff. 2 B-VG) erfolgte.

Völkerrechtliche Immunitäten

*Valentin Zellweger**

Immunitäten werden vor allem in den USA und Westeuropa politisch immer mehr in Frage gestellt und ihr rechtlicher Schutz zunehmend relativiert. Begannen zu Beginn des zwanzigsten Jahrhunderts erste Staaten – darunter auch die Schweiz - zwischen hoheitlichen und kommerziellen Aktivitäten von Staaten zu unterscheiden, um aus der Unterscheidung eine eingeschränkte Immunität für letztere abzuleiten, steht heute das Verhältnis zwischen der Immunität von Amtsträgern und von ihnen mutmaßlich begangenen schwerwiegenden Verbrechen im Vordergrund. Diese Rechtsentwicklung wird indes von zahlreichen Staaten – vor allem Entwicklungs- und Schwellenstaaten – nicht mitgetragen; diese vertreten weiterhin ein Verständnis der Immunitäten, welche absolut verstanden werden. Aus den unterschiedlichen Auffassungen können sich schwerwiegende Belastungen für das bilaterale Verhältnis ergeben, welche durch die unsichere Völkerrechtslage akzentuiert werden.

Die Schweiz ist einer der wichtigsten - wenn nicht der wichtigste - Konferenz- und Sitzstaat der Welt: Alleine in Genf werden jährlich fast 3 000 Konferenzen und internationale Treffen organisiert, welche durchschnittlich über 170.000 Delegierte aus aller Welt anziehen. Zudem haben 24 internationale Organisationen ihren Sitz in der Schweiz; alleine in Genf finden sich 240 Vertretungen von Staaten. Sie sehen, für die Schweiz ist das Recht der Immunitäten ein Rechtsbereich, dessen Bedeutung nicht unterschätzt werden kann. Welche Ausmaße unterschiedliche Auffassungen über das Bestehen oder Nichtbestehen von Immunitäten annehmen kann, hat uns in den letzten Jahren die Affäre um den Sohn des früheren libyschen Diktators, Hannibal Gaddafi, der in Genf verhaftet worden war, vor Augen geführt. Die Angelegenheit dominierte während mehr als zwei Jahren die schweizerischen Außenbeziehungen und die schweizerische Innenpolitik und hinterließ bei vielen schmerzhafte Erinnerungen.

Wenn wir das Immunitätsrecht nach seinen verschiedenen Bereichen anschauen, kann festgestellt werden, dass im Bereich der diplomatischen und konsularischen Immunitäten – das soll gerade am österreichischen Völkerrechtstag besonders betont werden – dank der beiden Wiener Konventionen klare Rege-

* Botschafter Dr. iur. Valentin Zellweger, Direktor für Völkerrecht, Eidgenössisches Department für auswärtige Angelegenheiten.

lungen existieren. Aus diesen ergeben sich in der Praxis nur wenige Unsicherheiten, die sich vor allem aus unterschiedlichen Interpretationen gewisser Bestimmungen ergeben. Aber die Zeiten, in welchen sich sogenannte „Diplomaten“ alleine auf einen obskuren Diplomatenpass beriefen, um Immunitäten vor der Schweizer Justiz geltend zu machen, sind glücklicherweise weitgehend vorbei.

Die Immunität von Staaten führte früher zu zahlreichen Friktionen mit anderen Regierungen, da die Unterscheidung zwischen Aktivitäten *de jure imperii* und *de jure gestionis* nur von gewissen akzeptiert wurde, während sie andere radikal ablehnten. Das schweizerische Bundesgericht hat schon 1918 begonnen, gestützt auf diese Unterscheidung fremde Staaten zum Beispiel bei Arbeitsstreitigkeiten mit Angestellten zu Schadenersatzzahlungen zu verurteilen. Das UNO-Übereinkommen über die Immunität der Staaten und ihres Vermögens von der Gerichtsbarkeit von 2004 hat insofern eine wichtige Klärung gebracht, als diese Unterscheidung – nach jahrzehntelangen Diskussionen in der UN-Völkerrechtskommission und unter der kundigen Verhandlungsleitung von Prof. G. Hafner – nun auf universeller Ebene zum Standard geworden ist.

Die Schweiz hat das Abkommen relativ rasch ratifiziert und wendet bis zu seinem Inkrafttreten zahlreiche seiner Bestimmungen als Ausdruck von Völkergewohnheitsrecht an. Gerade die Bestimmungen über privatwirtschaftliche Rechtsgeschäfte und Arbeitsverträge haben viel zur Entspannung unserer Beziehungen mit Staaten beigetragen, welche im Grundsatz weiterhin an einem absoluten Immunitätsbegriff festhalten. Es hat sich in der Praxis gezeigt, dass der Hinweis auf die einstimmige Annahme des Abkommens in der UN-Generalversammlung ein gewichtiges Argument ist bei divergierenden Auffassungen über das Bestehen staatlicher Immunitäten. So konnten wir in einem Fall einem Staat nachweisen, dass er anlässlich der Verabschiedung der Konvention eine sehr positive Erklärung abgegeben hatte in der Generalversammlung. Wir leiteten damals daraus ab, dass der betreffende Staat das relative Verständnis der Immunität im Grundsatz teilt, was im Gegensatz stand zu seinen Ausführungen in einem späteren konkreten Anwendungsfall.

Im Bereich der Immunitäten hoher Amtsträger stellen sich in der Praxis die schwierigsten Probleme, weil die Rechtsgrundlagen im Fluss sind und damit keine restlose Klarheit besteht. Diese Beobachtung gilt sowohl ratione personae als auch ratione materiae. Als Ausgangspunkt haben wir zur Lösung praktischer Fälle den „Arrest Warrant Case“ des IGH von 2002 mit seinem berühmten Paragraphen 61,[1] der allerdings viele Fragen offenlässt. Daneben kann auf eine wi-

1 IGH, *Arrest Warrant (Democratic Republic of the Congo v. Belgium)*, Urteil vom 1. April 2000, 2002 I.C.J. Rep. 3 ff., Rn. 61. Eine der zentralen offenen Fragen der

dersprüchliche Staatenpraxis zu diesen Fragen verwiesen werden, aus der sich jeder jene Entscheide herauspicken kann, die seiner Auffassung am ehesten entsprechen. Viel Hoffnung ruht daher auf den Arbeiten der Völkerrechtskommission zu den strafrechtlichen Immunitäten von Staatenvertretern. Auch wenn die Arbeiten in der Vergangenheit nicht die erwünschten Fortschritte gezeitigt haben, erhoffen wir uns von dem an der laufenden Sitzung zu bestimmenden nächsten Berichterstatter eine etwas offenere Haltung als sie bis anhin die Arbeiten der VRK in diesem Bereich ausgezeichnet haben. Bis zum Vorliegen einer klaren und vorhersehbaren Regelung wird es jedoch noch lange dauern. Bis dahin werden wir weiterhin Lösungen für Probleme finden müssen, die sich uns regelmäßig in der Praxis stellen.

Entscheidung dreht sich um die Auslegung der Formulierung „mit Bezug auf die in privater Eigenschaft erfolgten Tätigkeiten“: „Provided that it has jurisdiction under international law, a court of one State may try a former Minister for Foreign Affairs of another State in respect of acts committed prior or subsequent to his or her period of office, as well as in respect of acts committed during that period of office *in a private capacity*.“

Teil III: Aus der Völkerrechtswerkstatt der Fakultäten

Grotius goes Google: Der Einfluss der Internet Governance auf das Völkergewohnheitsrecht

Matthias C. Kettemann[*]

Abstract

Angesichts der wachsenden Bedeutung moderner Informations- und Kommunikationstechnologien und deren Schutzes durch das Völkerrecht untersucht der vorliegende Beitrag, welche Auswirkungen das Internet, dessen Nutzung und dessen Missbrauch, auf das Völkerrecht ha-

---

* Univ.-Ass., Mag. Dr. iur. Matthias C. Kettemann, LL.M (Harvard), Institut für Völkerrecht und Internationale Beziehungen, Karl-Franzens-Universität Graz.

ben. Im Zentrum des Beitrages stehen eine Analyse des Einflusses neuer Multistakeholder-Ansätze im Internetvölkerrecht auf die Interaktion völkerrechtlicher Akteure und eine Bewertung der Folgen eines neuen normativen Vokabulars zur Gestaltung der Informationsgesellschaft für die völkerrechtlichen Rechtsquellen und insbesondere das Völkergewohnheitsrecht. Der Beitrag schließt mit einem Ausblick auf jene die Normen der „Internet Governance", die das völkerrechtliche Pflichtenheft der Staaten ergänzen.

I. Einführung

Malcolm N. Shaw eröffnet die 6. Ausgabe seines völkerrechtlichen Lehrbuchs mit einer bildkräftigen Beschreibung menschlicher Entwicklung. „In the long march of mankind", schreibt er, „from the cave to the computer a central role has always been played by the idea of law – the idea that order is necessary and chaos inimical to a just and stable existence." Dieser Gedanke, dass nämlich Ordnung zur sozialen Entwicklung notwendig sei, ist einer der Legitimationsquellen des Rechts; er beeinflusst die Soziogenese sowohl staatlichen Rechts wie auch des Völkerrechts bis in dessen kleinste Verästelungen hinein. Die Frage nach der Rolle des Rechts, besonders des Völkerrechts im Allgemeinen und des Internetvölkerrechts im Besonderen, als Katalysator im Zeitenlauf, der vom Kampf um einige Bissen Mammut bis zu mammutgroßen Konflikten um Bits und Bytes führte, stellt den Rahmen dieser Untersuchung.

Für den 34. Österreichischen Völkerrechtstag in Mondsee 2011 zeigte ich auf, wie Ägypten und Libyen das Internet abschalteten und warum dies aus menschenrechtlicher Sicht höchst problematisch war.[1] Nun ist ein Jahr vergangen: Die gesellschaftlichen Freiheitsblüten des Arabischen Frühlings sind teils unter dem Atem politischer Eisheiliger erstarrt, aber die Debatte um die Rolle von Völkerrecht im Internet und jene über die Ausgestaltung jener Regeln, die staatliches Verhalten im Internet beschränken sollen, ist höchst lebendig.[2]

Angesichts des tendenziell responsiven Charakters des Rechts ist es nicht überraschend, dass das regulative Pendel nach der als regellos wahrgenommenen Frühzeit des Internets nun in die Gegenrichtung ausgeschlagen hat. Oft ohne das entsprechende legistische Fingerspitzengefühl (man denke an den „Bundestrojaner") und in Verkennung der legitimitätsstiftenden Funktion von Multi-

---

1 *Kettemann, Matthias C.*, Informationsfreiheit und nationale Sicherheit, in: *Schmalenbach, Kirsten* (Hrsg.), Aktuelle Herausforderungen des Völkerrecht. Beiträge zum 36. Österreichischen Völkerrechtstag, Frankfurt a.M. 2012.

2 Siehe *Kettemann, Matthias C.*, Das Internet als internationales Schutzgut: Entwicklungsperspektiven des Internetvölkerrechts anlässlich des Arabischen Frühlings, 72 ZaöRV (2012) 469-482.

Stakeholder-Prozessen (Stichwort: ACTA) haben Staaten Sachverhalte mit Internetbezug einem zunehmend strengeren Regulierungskorsett unterworfen. Regelmäßig werden dabei Menschenrechte berührt, oft sogar verletzt, und völkerrechtliche Pflichten verkannt. Daher ist es zeitgerecht, die völkerrechtlichen Schranken für staatliche Internetpolitiken aufzuzeigen und darüber zu reflektieren, welche Pflichten Staaten hinsichtlich des Internet haben, haben werden und haben sollten.

Die Diskussion um die Pflichten von Staaten hat auf völkerrechtlicher Ebene im Jahr 2011 bedeutende Beiträge erfahren. Verschiedene Staaten (wie die USA),[3] Staatengruppen (wie Indien, Brasilien und Südamerika, Russland und China),[4] internationale und intergouvernementale Organisationen[5] und nichtstaatliche Akteure[6] schlugen 2011 Strategien, Prinzipien, Pakte und Erklärungen[7] vor, die zwar inhaltlich weit divergierten, aber doch einen gemeinsamen Nenner hatten: dem Völkerrecht entfließende Normen auf das Internet und dessen Regulierung anzuwenden, um in drei großen Regelungsbereichen – Wirtschaft, Sicherheit, Menschenrechten – mit unterschiedlichen Gewichtungen mehr Klarheit de lege lata zu schaffen und dem Internetvölkerrecht eine inhaltliche Richtung de lege ferenda vorzugeben.

Vor diesem Hintergrund klärt der Beitrag zunächst Konzept und Begriff der Internet Governance und untersucht ihr Verhältnis zum Völkerrecht. Sodann diskutiert er einige Entwicklungen im institutionellen Völkerrecht und zeigt internetvölkerrechtliche Implikationen für das Völkergewohnheitsrecht auf. Ein

3 President of the United States of America, International Strategy for Cyberspace. Prosperity, Security and Openness in a Networked World, Mai 2011, 10.

4 Indien, Brasilien, Südamerika (für die G77), IBSA Joint Statement, Open consultations on Enhanced Cooperation, New York, 14.12.2010; Letter dated 12 September 2011 from the Permanent Representatives of China, the Russian Federation, Tajikistan and Uzbekistan to the United Nations addressed to the Secretary-General, 14.09.2011, A/66/359; G8 Declaration, Renewed Commitment for Freedom and Democracy, G8 Summit of Deauville, 26-27.5.2011.

5 UNESCO, Code of Ethics for the Information Society, proposed by the Intergovernmental Council of the Information for All Programme (IFAP), 36 C/49, 10.10.2011; OSCE, 8th South Caucasus Media Conference, Declaration: Pluralism and Internet governance, Tbilisi, Georgia, 20-21.10.2011; OECD Communiqué on Principles for Internet Policy Making, OECD High Level Meeting: The Internet Economy: Generating Innovation and Growth, 28-29 June 2011, Paris.

6 Internet Rights and Principles Coalition, 10 Internet Rights and Principles, abrufbar unter: http://internetrightsandprinciples.org/site/ (zuletzt eingesehen am 01.07.2013).

7 Europarat, Erklärung des Ministerkomitees über die Grundsätze der Internet Governance, 21.9.2011.

Fazit beschließt die Untersuchung, die einen Aktualitätscharakter aufweist, zumal sich für 2012 und 2013 eine Operationalisierung der internetvölkerrechtlichen Prinzipien abzeichnet. Die hier unternommene – zwangsläufige konturenhaft bleibende – Bestandsaufnahme der dem Völkerrecht entfließenden internetbezogenen Rechte und Pflichten von Staaten kann für die Weiterentwicklung des noch jungen Internetvölkerrechts entscheidende Beiträge liefern.[8]

II. Internet Governance

1. Begriff der Internet Governance

Internet Governance umfasst die "Entwicklung und Anwendung durch Regierungen, den Privatsektor und die Zivilgesellschaft, in ihren jeweiligen Rollen, von gemeinsamen Prinzipien, Normen, Regeln, Entscheidungsfindungsprozessen und Programmen, die die Weiterentwicklung und Verwendung des Internets gestalten".[9] Das Internet ist ein globales Netzwerk von Netzwerken, das unter Verwendung eines gemeinsamen Protokolls weltweite Kommunikation ermöglicht. Es umfasst daher mehr als der Begriff der Informations- und Kommunikationstechnologien oder der Informatik. Der Begriff der 'Governance' wiederum ist breiter als jener des Rechts und umschließt eine Vielfalt normativer Instrumente, darunter auch das soft law, die zur Regelung eines bestimmten Regimes entwickelt und angewandt werden. Völkerrechtliche Aspekte der Internet Governance werden auch unter dem Begriff des Internetvölkerrechts zusammengefasst. Als deutsche Entsprechung für Internet Governance bietet sich 'Internetregulierung' an; in der internationalen Debatte hat sich aber 'Internet Governance' durchgesetzt.[10]

2. Bedeutung der Internet Governance

Über die Internet Governance wird das Zusammenspiel von Staaten, dem Privatsektor und Individuen hinsichtlich Politikentwicklung, Investitionen und

8 Weiterführend siehe *Kettenmann, Matthias C.*, The Future of Individuals in International Law. Lessons from International Internet Law, Utrecht 2013.

9 Arbeitsgruppe über Internet Governance (WGIG), Bericht der Arbeitsgruppe (2005), abrufbar unter: http://www.wgig.org/docs/WGIGREPORT.pdf. (zuletzt eingesehen am 01.07.2013).

10 Siehe *Kettemann, Matthias C.*, Internet Governance, in: *Jahnel, Dietmar/Schramm, Alfred/Staudegger, Elisabeth* (Hrsg.), Informatikrecht, Wien 2012, 48-62, auf dem dieser Abschnitt maßgeblich beruht.

menschlichen Aktivitäten mit Bezug auf das Internet reguliert, koordiniert und gestaltet. Die Internet Governance berührt und beeinflusst dabei die Entwicklung des vielseitigen Beziehungsgeflechtes zwischen diesen drei Akteuren in den Bereichen Wirtschaft, Sicherheit und Menschenrechte. Angesichts der Vielzahl der von Internet Governance berührten Politikfelder sind Tendenzen einer begrifflichen Ausfransung festzustellen; Begriffskern verbleibt indes die primär mit rechtlichen Instrumenten erfolgte Gestaltung der Interaktion im Internetraum von staatlichen und nichtstaatlichen Akteuren.[11]

3. Regelungsziel der Internet Governance

Regelungsziel der Internet Governance ist gemäß der Verpflichtungserklärung von Tunis von 2005 der Aufbau einer menschenzentrierten, einschließenden, entwicklungsorientierten Informationsgesellschaft, gestützt auf die „Ziele und Grundsätze der Charta der Vereinten Nationen, das Völkerrecht und den Multilateralismus sowie unter voller Achtung und Einhaltung der Allgemeinen Erklärung der Menschenrechte“. Internet Governance zielt daraufhin ab, dass „Menschen auf der ganzen Welt Informationen und Wissen schaffen, abrufen, nutzen und austauschen können, um ihr Potenzial voll zu entfalten und die international vereinbarten Entwicklungsziele, einschließlich der Millenniums-Entwicklungsziele, zu erreichen.“[12]

Entscheidend für meine Argumentation ist dabei, dass der Aufbau einer menschenzentrierten, einschließenden, entwicklungsorientierten Informationsgesellschaft nicht nur auf das Völkerrecht gestützt ist, sondern das Völkerrecht institutionell und materiell verändert – im Lichte der Ziele und Grundsätze der Charta der Vereinten Nationen. Dieser Prozess der Veränderung hat das Rechtsregime des Internetvölkerrechts entstehen lassen[13] – mit Konsequenzen für die völkerrechtliche Akteurslandschaft und ihr Regelungsvokabular.

---

11 *Mathiason, John*, Internet Governance: the New Frontier of Global Institutions, Abingdon 2009.

12 WSIS, Verpflichtungserklärung von Tunis (2005), Abs. 2.

13 *Uerpmann-Wittzack, Robert*, Internetvölkerrecht, 47 AVR (2009) 263-274.

III. Institutionelles Völkerrecht

1. Das Multistakeholder-Modell

Ein Charakteristikum der Internet Governance ist ihre Offenheit gegenüber nichtstaatlichen Akteuren, die als *Stakeholder* des Governance-Prozesses begriffen werden: sie haben einen „Stake", ein wertunterlegtes Teilhabeinteresse am Regelungsergebnis und in Hinblick auf den Regelungsprozess. Dieses wird im Rahmen des sogenannten „Multistakeholder-Ansatzes" durchgesetzt, der seine Verwirklichung findet in der Entwicklung und Anwendung durch Regierungen (Staaten), den Privatsektor (Unternehmen) und die Zivilgesellschaft (Individuen) „in ihren jeweiligen Rollen" von Instrumenten und Prozessen zur Regelung des Internet. Die Notwendigkeit internationaler Kooperation hat Staaten zur Gründung von internationalen und supranationalen (mit ausgewählten, traditionell staatlichen Kompetenzen ausgestatteten) Organisationen veranlasst, die ebenfalls am Internet Governance Prozess teilnehmen.

Der Multistakeholderprozess als inklusiver Ansatz der Internet Governance Policy-Gestaltung ist mit wenigen Ausnahmen (ordnungspolitischer Initiativen souveränitätsbewusster Regierungen) unumstritten.[14] Durch die derart erzielte Bündelung der legitimationsstiftenden Wirkung der Beteiligung von Staaten, dem Privatsektor und der Zivilgesellschaft (*Input*-Legitimität) und Verfahren, die eine gleichberechtigte Interaktion in Regelungsprozessen ermöglichen (*Throughput*-Legitimität), sind auch die Regelungsergebnisse besonders legitim (*Output*-Legitimität). Die Regelungsergebnisse von Internet Governance-Prozessen sind aufgrund ihrer Legitimität auch im Großen und Ganzen effektiv, was wiederum ihre Legitimität befördert.

Die Verwendung von Multistakeholder-Prozessen und von Mehrebenendiplomatie (oder ‚mehrdimensionaler Diplomatie') ist auch aus anderen Rechtsregimen bekannt.[15] Die Integration der Zivilgesellschaft in den Verhandlungsprozess in den Römischen Statuten des Internationalen Strafgerichtshofs hat hier Beispielcharakter, wie auch die Entstehung umweltvölkerrechtlicher Regularien.[16] Es ist aber das Internetvölkerrecht, das den Multistakeholderismus als

---

14 WSIS, Grundsatzerklärung von Genf (2003), Abs. 49; Agenda von Tunis (2005), Abs. 34.

15 *Benedek, Wolfgang*, The Relevance of Multi-Stakeholder Approach and Multi-Track Diplomacy for Human Rights Diplomacy, in: *O'Flaherty, Michael/Kedzia, Zdzislaw/Müller, Amrei/Ulrich, George* (Hrsg.), Human Rights Diplomacy: Contemporary Perspectives, Stroud 2011, 251-261 (253).

16 *Baur, Dorothea*, NGOs as Legitimate Partners of Corporations. A Political Conceptualization, Heidelberg/London/New York 2012.

grundlegenden normativen Ansatz ins allgemeine Völkerrecht kraftvoll einführt. Internetbezogene Regeln, die ohne Beteiligung aller Stakeholder entwickelt werden, werden als illegitim wahrgenommen. Dies hat das Beispiel des Anti-Produktpiraterie-Abkommens (ACTA) gezeigt.

2. ACTA als Versagen traditioneller völkervertragsrechtlicher Regimes

Es sind völkerrechtliche Normen am Entstehen, die staatliche Normenschaffung prozessual determinieren. Von der Mobilisierung gegen ACTA lässt sich ableiten, dass die Ausverhandlung internationaler Verträge (denn um einen solchen handelt es sich), die einen Internetbezug aufweisen, nicht mehr im ausschließlichen legitimierenden Pouvoir der Staaten steht.[17] Mit anderen Worten: Das Völkerrecht der Informationsgesellschaft und das Paradigma der Humanisierung des Völkerrechts zeigen dergestalt Wirkung, dass das traditional wie funktional legitimierte Vorrecht von Staaten, Verträge mit Internetbezug zu schließen, zwar nicht formal eingeschränkt ist, dass sich aber angesichts der Erwartungshaltung der Bevölkerung – und die Überzeugung der grundsätzlichen Legitimität einer (auch völkerrechtlichen) Norm ist mit Geltungsbedingung – ein Schluss aufdrängt: Das Multistakeholder-Modell hat zumindest in seiner abgeschwächten Form (Konsultierung aller Stakeholder-Gruppen) Einzug in die normative Ordnung des Völkerrechts gehalten.

IV. Materielles Völkerrecht

1. Kristallisierung völkergewohnheitsrechtlicher Pflichten durch das Internetvölkerrecht

Der internationale Rechtsbestand bietet ausreichend Grundlage zur Determinierung staatlicher Internetpolitik durch menschenrechtliche und völkerrechtliche Schranken. Die gewohnheitsrechtlich geltenden menschenrechtlichen Pflichten habe ich an anderer Stelle untersucht.[18] Im Abriss: Was Informations- und Kommunikationsverhalten im Internet betrifft, sind Kommunikator, Rezipient und Kommunikationsinhalt durch die in Teilen gewohnheitsrechtlich abgesicherte Norm des Art. 19 IPbpR ausreichend abgesichert. Neben diesen großteils

17 Statt vieler siehe: Opinion of European Academics on ACTA (2011), abrufbar unter: http://www.iri.uni-hannover.de/tl_files/pdf/ACTA_opinion_110211_DH2.pdf (zuletzt eingesehen am 01.07.2013).

18 *Kettemann* (Fn. 1).

negativ konzipierten einzelmenschenrechtlich fundierten Pflichten des Staates sind aus den staatlichen Schutz- und Gewährleistungspflichten hinsichtlich der informations- und kommunikationsbezogenen Rechte auch positive Internet-Infrastrukturbezogene Pflichten ableitbar.

Die Entwicklung der völkerrechtlichen Pflichten in Bezug auf das Internet speist sich aus einer Quelle und drei Festlegungen: In der Tunis Agenda und der Verpflichtungserklärung von Tunis (2005) (aufbauend auf den Genfer Dokumenten von 2003) verpflichteten sich die Staaten der Welt

- zum Aufbau einer „den Menschen in den Mittelpunkt stellende[n], inklusive[n] und entwicklungsorientierte[n] Informationsgesellschaft [...] gestützt auf die Ziele und Grundsätze der Charta der Vereinten Nationen, das Völkerrecht und den Multilateralismus sowie unter voller Achtung und Einhaltung der Allgemeinen Erklärung der Menschenrechte [...]“[19] wobei bekräftigt wird, dass „Menschenrechte und Grundfreiheiten, einschließlich des in der Erklärung von Wien verankerten Rechts auf Entwicklung, allgemein gültig und unteilbar sind, einander bedingen und miteinander verknüpft sind“;[20]
- zu einem stabilen und sicheren Internet als weltweite Einrichtung;[21]
- und zum Erfordernis einer multistakeholderbasierten Internet Governance; mithin zu deren Legitimität „auf Grundlage der vollen Mitwirkung aller Interessenträger, sowohl aus den entwickelten Ländern als auch aus den Entwicklungsländern, im Rahmen ihrer jeweiligen Rollen und Aufgaben.“[22]

Aus beiden Bekenntnissen, die qua Selbstverpflichtung und entsprechender Praxis seither die Entwicklung völkergewohnheitsrechtlicher Regeln inhaltlich determinieren, lassen sich Hinweise über die Konturen der entstehenden völker-

19 World Summit on the Information Society (WSIS), Tunis Commitment, WSIS-05/TUNIS/DOC/7-E vom 18.11.2005, Ziff. 2.

20 Ebd. Ziff. 3.

21 WSIS, Tunis Agenda für die Informationsgesellschaft, WSIS-05/TUNIS/DOC/6(Rev. 1)-G vom 18.11.2005, Ziff. 31.

22 Ibid. Die internationale Steuerung des Internets hat, wie in Ziff. 29 festgelegt wird, „Die internationale Steuerung des Internets soll auf multilaterale, transparente und demokratische Weise erfolgen, unter voller Mitwirkung der Regierungen, des Privatsektors, der Zivilgesellschaft und der internationalen Organisationen. Sie soll für eine ausgewogene Verteilung der Ressourcen sorgen, den Zugang aller erleichtern und das stabile und sichere Funktionieren des Internets gewährleisten, wobei die Mehrsprachigkeit zu beachten ist.“

rechtlichen Grenzen für staatliche Internetregulierung ableiten. In einer wertenden Interpretation mit Blick auf den Endzweck des Völkerrechts (namentlich Schutz und Ermächtigung von Individuen[23]) helfen uns diese Bekenntnisse völkerrechtlich fundiert staatliche Pflichten mit Internetbezug herauszuarbeiten; mithin zu zeigen, das Völkerrecht staatliche Internetpolitik an die Kandare nimmt.

Der Verhandlungsprozess in Tunis zeigt, dass die Bedeutung der Menschenrechte in der Internet Governance als Begrenzung des staatlichen Rechtes, Vorkehrungen zur Internet Governance zu treffen, von der internationalen Gemeinschaft bewusst anerkannt wurde. Erste Vorschläge souveränitätsorientierter Staaten wie Russland und China, Verweise auf Menschenrechte in den Schlussdokumenten entfallen zu lassen, insbesondere die Bezugnahme auf die Allgemeine Erklärung der Menschenrechte, wurden zunächst von einzelnen Staaten wie Dänemark und der Schweiz, dann von einer wachsenden Formation zivilgesellschaftlicher Akteure und später auch von einer breiten Staatenkoalition zurückgewiesen.

Die internationale Gemeinschaft hat erkannt, dass die Stabilität, Integrität und Funktionalität des Internets wie auch die Geltung der Menschenrechte im Internet ein internationales Anliegen sind und im Rahmen einer gemeinsamen, geteilten Verantwortung – über den Prozess der Internet Governance – durchgesetzt werden müssen.

Es bestehen den Menschenrechten entfließende Schutzpflichten eines potenziell das Internet beeinträchtigenden (z.B. abschaltenden) Staates gegenüber der internationalen Gemeinschaft, Gefahren für die Stabilität, Integrität und Funktionalität des Internets abzuwenden und den globalen, unbeschränkten, grenzübergreifenden Internetverkehr nicht negativ zu beeinflussen. Diesen korrespondiert eine *erga omnes*-Pflicht zum Schutz der Stabilität, Integrität und Funktionalität des Internets. Gleichzeitig bestehen globale positive Schutzpflichten der internationalen Gemeinschaft hinsichtlich des Internets, die sich unter anderem aus der Pflicht der Staaten zur Gewährleistung der Vorbedingungen der Ausübung der Kommunikations- und Informationsrechte nach Artikel 19 des Zivilpaktes der Vereinten Nationen (IPbpR) ergeben.

Die besondere Rolle der Menschenrechte im Internet – und insbesondere ihre Technologieneutralität – hat zuletzt auch der Menschenrechtsrat der Verein-

---

23 Wie im Prozess der Humanisierung des Völkerrechts eindrücklich gezeigt, vgl. *Meron, Theodor,* The Humanization of International Law, Den Haag 2006. Siehe aber schon *Shaw, Malcolm N.*, International Law, Cambridge 2003, 232.

ten Nationen mit Resolution 20/8 vom 5.7.2012 bestätigt.[24] Er führte dabei nicht nur aus, dass alle Menschenrechte offline wie online gelten,[25] sondern verwies auf (bzw. implizierte) wichtige Architekturprinzipien des Internets – wie dessen Offenheit und Endnutzerorientierung –, die noch auf Jahre hinaus die Grundsätze des Internetvölkerrechts maßgeblich beeinflussen werden.[26]

Das Regime der Internet Governance beruht auf dem Bekenntnis, dass sich die Achtung von Menschenrechten, Demokratie, nachhaltige Entwicklung sowie gute Regierungsführung einander bedingen und sich gegenseitig verstärken.[27] Internet Governance als Regime und mit dem Regime kohärente und seine Zielen und Werten konsonante Grundsätze zielen darauf ab, die „Achtung vor der Herrschaft des Rechts sowohl in den internationalen als auch den nationalen Angelegenheiten zu stärken."[28] Diese 2005 festgelegten vagen Ziele der Informationsgesellschaft wurden im Laufe der letzten Jahre zunehmend in Form von Grundsätzen der Internet Governance in Handlungsmaßstäbe für die Akteure der Internet Governance übersetzt. Zu diesen werde ich nun kommen.

2. Grundsätze der Internet Governance als Kern völkerrechtlicher Pflichten

Eine der bedeutendsten Erklärungen über die Grundsätze der Internet Governance war jene des Ministerkomitees des Europarates.[29] Obwohl verschiedene Prinzipien-Erklärungen unterschiedliche Schwerpunkte setzten,

---

24 UN-Menschenrechtsrat, Resolution 20/8: The promotion, protection and enjoyment of human rights on the Internet, UN Doc. A/HRC/20/L.13 vom 29.6.2012 (angenommen am 5.7.2012).

25 IdS schon *Kettemann, Matthias C.*, Gibt es Schutzlücken im Internet?, in: *Gahren, Isabel/Haselbeck, Sebastian/ Kettemann, Matthias C./Senges, Max* (Hrsg), Menschenrechte und Internet. Zugang, Freiheit, Kontrolle. Schlussbericht der 5. Initiative des Internet&Gesellschaft Collaboratory 2012, 26-34.

26 *Kettemann, Matthias C.*, UN Human Rights Council Confirms that Human Rights Apply to the Internet, EJIL Talk, 23.7.2012, abrufbar unter: http://www.ejiltalk.org/un-human-rights-council-confirms-that-human-rights-apply-to-the-internet/#more-5207 (zuletzt eingesehen am 01.07.2013).

27 *Benedek, Wolfgang*, Internet Governance and Human Rights, in: *Benedek, Wolfgang/Bauer, Veronika/Kettemann, Matthias C.* (Hrsg.), Internet Governance and the Information Society: Global Perspectives and European Dimensions, Utrecht 2008, 31-49.

28 WSIS, Verpflichtungserkärung von Tunis (2005), Abs 3.

29 Europarat, Erklärung des Ministerkomitees über die Grundsätze der Internet Governance (21.9.2011).

sind die Grundsätze des Europarates unter den zentralen Akteuren der Internet Governance auf positive Resonanz gestoßen.[30]

Im Einzelnen legen die Grundsätze fest, dass die „Vorkehrungen der Internet Governance" den „Schutz aller Grundrechte und -freiheiten sicherstellen und deren Universalität, Unteilbarkeit, Interdependenz und Wechselwirkung gemäß internationalem Menschenrecht anerkennen" müssen. Darüber hinaus müssen sie auch die umfassende Achtung der Demokratie und Rechtsstaatlichkeit gewährleisten und nachhaltige Entwicklung fördern (1. Grundsatz). Dies gilt sowohl für Staaten als auch für private Akteure. Die Entwicklung der Internet Governance hat in offener, transparenter und verantwortlicher Weise zu erfolgen und die umfassende Partizipation von Staaten, dem Privatsektors, der Zivilgesellschaft, der technischen Fachleute und der Benutzer sicherzustellen, wobei deren individuelle Rolle und Verantwortung zu berücksichtigen sind (2. Grundsatz).

Staaten verbleibt eine zentrale Verantwortung in Ausübung ihrer souveränen Rechte in Bezug auf Internet Governance. Vermehrt werden sie sich dabei orientieren müssen an den, die Dokumente des Weltgipfel-Prozesses (WSIS) aufnehmenden inhaltlichen wie formalen Schranken des 1. und 2. Grundsatzes: Bekenntnis zu Menschenrechten, Bekenntnis zur Sicherheit und Stabilität des Internets als im globalen Interesse stehend und Bekenntnis zur einer multistakeholderbasierten Internet Governance.

Staatliches Verhalten, das primär Auswirkungen auf den nationalen Regelungsbereich zeitigt, ist – nichts Neues unter der völkerrechtlichen Sonne – auch im Bereich der Internet Governance Grenzen unterworfen. Die Grundsätze des Europarates verpflichten Staaten von Handlungen abzusehen, die den „direkt oder indirekt natürlichen oder juristischen Personen in ihren Hoheitsgebieten schaden würden". Einschränkungen von Menschenrechten im Rahmen von staatlicher Internet Governance-Politik sind nicht grundsätzlich unrechtmäßig, doch müssen diese die internationalen Verpflichtungen von Staaten berücksichtigen, auf Recht beruhen, für eine demokratische Gesellschaft notwendig sein und die Grundsätze der Verhältnismäßigkeit und das Recht auf eine unabhängige Beschwerde erfüllen (3. Grundsatz).[31]

---

30 Vgl. *Kettemann, Matthias C.*, Ensuring Human Rights Online: An Appraisal of Selected Council of Europe Initiatives in the Information Society Sector in 2010, in: *Benedek, Wolfgang et al.* (Hrsg.), European Yearbook on Human Rights 2011, Wien 2011, 461-482.

31 Wie sich diese Verpflichtung im Hinblick auf das Recht auf freie Meinungsäußerung ausbuchstabieren lässt, hat der einschlägige thematische Sonderberichterstatter der Vereinten Nationen, Frank La Rue, in seinem für das Internet wichtigen Bericht von 2011

Gleichzeitig sollen die Internetbenutzer „umfassend ermächtigt" werden, um ihre Menschenrechte im Internet auszuüben, an den Vorkehrungen der Internet-Verwaltung mitzuwirken und zur Entwicklung der Internetpolitik beizutragen (4. Grundsatz). Die umfassende Ermächtigung der Internetbenutzer setzt auch einen universellen Zugang voraus. Gekoppelt mit dem globalen Charakter des Internets bedeutet dies, dass sich nationale Internetpolitik nicht nachteilig auf den grenzüberschreitenden Internet Traffic auswirken darf (5. Grundsatz).

Ein Hauptziel der Internet Governance ist auch, die Integrität des Internets sicherzustellen. Die Integrität umfasst dabei die Sicherheit, Stabilität, Robustheit, Belastbarkeit und Fähigkeit des Internet, sich weiterzuentwickeln. Mittel zur Sicherung der Integrität des Internets ist nationale und internationale Kooperation zur Wahrung der Funktionalität der Internetinfrastruktur (6. Grundsatz).

Während die öffentliche Politikgestaltung („public policy") mit Bezug auf die Internet Governance (mit) im Regelungspouvoir (und in der Regelungsverantwortung) der Staaten steht, besteht eine dezentralisierte Verantwortung für die tägliche Verwaltung des Internet. Diese Unterscheidung wird mit dem englischen Begriffspaar *Internet Governance* vs. *Internet Management* reflektiert. Die Führungsrolle im *Internet Management* üben die für technische (wie IETF) und verwaltungstechnische (wie ICANN) Aspekte des Internet zuständigen Gremien und der Privatsektor aus.[32] Mangels der Staaten eigenen demokratischen Legitimität müssen hier andere Methoden zur Sicherung von Transparenz und Rechenschaftspflicht („Accountability") gefunden werden.[33] Dies umso mehr, als sich technische und verwaltungstechnische Lösungen auf die öffentliche Politikgestaltung auswirken (7. Grundsatz).

Wichtige technische Grundsätze der Internet-Architektur sind auch die Beibehaltung offener Standards, die Interoperabilität des Internets und dessen Endnutzer-zu-Endnutzer-Ausrichtung. Diese Grundsätze sind als Meta-Grundsätze zu sehen, da sie auf Internet Governance bezogene Politikgestaltung auf allen Ebenen beeinflussen sollten (8. Grundsatz). Als Grundsatz gerade auch

---

gezeigt. Vgl. Report of the Special Rapporteur on the promotion and protection of the right to freedom of opinion and expression, Frank La Rue, VN Dok. A/HRC/17/27 vom 26.4.2011.

32 Vgl. schon *Kettemann, Matthias C.*, Reform statt Revolution: ICANNs neues Accountability-Regime im Lichte europäischer Kritik, jusIT (2009) 215-220.

33 *Mounier, Pierre*, Internet Governance and the Question of Legitimacy, in: *Brousseau, Eric/Marzouki, Meryem/Méadel, Cécile* (Hrsg.), Governance, Regulations and Powers on the Internet, Cambridge 2012, 170-185.

für die *technical community* und den Privatsektor gilt jener des offenen Charakters des Netzwerkes, demzufolge Internetbenutzer endgerätunabhängig den größtmöglichen Zugang zu internetgestützten Inhalten, Anwendungen und Diensten ihrer Wahl haben sollen. Wenn der Privatsektor menschenrechtsrelevante Maßnahmen zur Verwaltung des Datenverkehrs über das Internet trifft, müssen diese auch den Rahmen des völkerrechtlich abgesicherten Menschenrechtsbestandes respektieren (9. Grundsatz). Die Erklärung des Ministerkomitees des Europarates schließt mit dem rechtspolitischer Grundsatz, dass die Internet Governance der Bewahrung der kulturellen und sprachlichen Vielfalt und der Förderung lokaler Inhalte dient und so die digitale Kluft verringert (10. Grundsatz).

3. Völkerrechtliche Verortung

Die Grundsätze sind angesichts ihrer Vermengung von Normen, Prinzipien und Forderungen nicht einheitlich zu bewerten, stellen aber doch in ihrer Gesamtheit, durch wechselseitige Bezugnahmen abgesichert, jene Leitlinien dar, an denen sich die Internet Governance orientiert.

Einerseits nehmen die Grundsätze unstrittig rechtliche Bestimmungen wie den Schutz der Menschenrechte auf, der sich etwa für Mitglieder des Europarates aus der Europäischen Menschenrechtskonvention und auf universeller Ebene aus dem Menschenrechtsacquis der Vereinten Nationen ergibt (Menschenrechte, Demokratie und Rechtsstaatlichkeit). Weiter wenden sie völkerrechtliche Regeln, wie jene der Staatenverantwortlichkeit, auf das Internet an (Verantwortung der Staaten) und präzisieren diese.

Als zentraler verfahrensrechtlicher Grundsatz ist das Bekenntnis der Staaten zu einer Multistakeholderstruktur des Internet (Verwaltung durch mehrere Akteure) zu qualifizieren. Darüber hinaus finden sich unter den Grundsätzen politische Zielvorstellungen (kulturelle und sprachliche Vielfalt) und technische Leitsätze. Diese dienen der Sicherung der Funktionalität und Stabilität des Internet (Integrität des Internet), stellen funktionelle Vorbedingungen zu dessen Nutzung dar und erweitern das völkerrechtliche Pflichtenheft der Staaten gewohnheitsrechtlich insofern, als dass sie den Handlungsfreiraum von Staaten einengen, internetpolitische Maßnahmen zu setzen, mit denen eine Gefahr für die Integrität des Internet einhergeht.

Zentraler Bestandteil der Grundsätze der Internet Governance sind schließlich jene zur Sicherung der traditionellen technischen Charakteristika des Internet: Ermächtigung der Internetbenutzer, Universalität des Internet, dezentralisiertes Management, die Grundsätze der Internet-Architektur (offene Standards, Interoperabilität, End-to-End-Ausrichtung) und Netzwerkoffenheit.

Diese sind zwar keine Sollenssätze, aber angesichts ihrer unbestrittenen Bedeutung für die Entwicklung des Internet haben sie Vorwirkungen auf die Internetpolitikgestaltung.

Noch haben sich nur wenige unstrittige internetspezifische Pflichten herauskristallisiert. Doch der Status quo der Internet Governance erlaubt, zumal nach dem Arabischen Frühling, bereits einige Perspektiven aufzuzeigen, ohne indes das Internet irrationalen Aufladungen und Erwartungen auszusetzen.[34]

So kann das Prinzip der zwischenstaatlichen *Zusammenarbeit* nach Artikel 1 (3) UN Charta in seiner gewohnheitsrechtlichen Auslegung dergestalt weiterentwickelt werden, dass Staaten verpflichtet werden, sich in der Ausgestaltung ihrer nationalen Internetpolitik der internationalen Dimension bewusst zu sein, die internationalen Implikationen nationaler Politiken in deren Gestaltung erkennen und bei grenzüberschreitenden Implikationen Absprachen treffen.

Darüber hinaus kann das *Nichteingriffsprinzip* (Artikel 2 (7) UN Charta) fruchtbar gemacht werden: Eine intensive Beeinträchtigung des Internet in einem anderen Staat könnte eine Intervention darstellen. Erste Überlegungen zu den bestehenden völkerrechtlichen Grenzen von Cyberwar und Cyberterrorismus sind schon angestellt worden.[35]

In den Internet Governance Prinzipien des Europarates sind auch Tendenzen für eine gewohnheitsrechtliche Erweiterung des *Vorsorgeprinzips* zu sehen: Nach diesem Prinzip wären Staaten dazu verpflichtet, durch proaktives Handeln Risiken und Konsequenzen aus Internet-Infrastrukturunterbrechungen zu minimieren.

4. Braucht ein neues Regime einen neuen Vertrag?

Von besonderer Bedeutung für die hier vorgenommene Analyse ist auch, dass die detaillierte Ausgestaltung völkergewohnheitsrechtlicher Pflichten durch die Grundsätze das Fundament legt für eine weitere Kristallisierung des Völkergewohnheitsrechts mit Internetbezug. Dies bedeutet allerdings nicht, dass zum jetzigen Zeitpunkt in der Entwicklung des Internetvölkerrechts ein Vertragswerk nötig ist.

Entscheidend ist vielmehr, dass im Prozess der Operationalisierung der für die Internet Governance relevanten (gerade auch) völkerrechtlichen (jedenfalls

34 Vgl. *Kettemann, Matthias C.*, Wider die Cyberutopie in der Weltpolitik. Twitter und Facebook machen noch keine Revolution, 2 juridikum (2011) 155-158.

35 Vgl. etwa *Kerschischnig, Georg*, Cyberthreats and International Law, Utrecht 2012.

aber völkerrechtlich prädeterminierten) Regeln, das menschenrechtliche Fundament, die Beteiligung aller Interessenträger (Multistakeholderansatz) und die Integrität des Internets in ihren verschiedenen Ausprägungen (Funktionalität, Stabilität, Sicherheit …) Niederschlag finden.

V. Schlussfolgerungen

Gegenwärtig wird in der International Law Commission um die Entwicklung von Draft Articles über den Schutz der Luft gerungen. Luft ist unzweifelhaft ein Allgemeingut; ihr Schutz liegt jedenfalls im internationalen Interesse. Die Völkerrechtsgemeinschaft hat sich durch umweltvölkerrechtliche Vereinbarungen bereits in Teilen zu deren Schutz bekannt. Dennoch fällt der ILC die Konsensfindung schwer. Umso diffiziler ist Konsens im Hinblick auf den gewohnheitsrechtlichen Schutz des Internet durch das Völkerrecht. Doch zum jetzigen Zeitpunkt in der rechtlichen Evolution des Internetvölkerrechts ist weder ein ILC-Konventionsentwurf noch ein Vertrag nötig.

Lassen wir das Internetvölkerrecht, das erst mit den Prinzipiensammlungen des Jahres 2011 erste Blüten trieb, wachsen. Zeit zur Einhegung ist noch genug. Schon jetzt speist sich die Entwicklung völkerrechtlicher Pflichten von Staaten aus den Bekenntnissen und Bekräftigungen der Staaten zu Menschenrechten, zu einem sicheren und stabilen Internet als weltweite Einrichtung im globalen Interesse und zur Beteiligung aller Interessenträger in seiner Governance gemäß ihrer jeweiligen Rolle. Dies wird – vermehrt in Zukunft, wenn die Praxis wächst – zu einer verstärkten Herauskristallisierung allgemeiner völkerrechtlicher Pflichtensätze führen. Erste Anzeichen dafür finden sich in der gewohnheitsrechtlichen Weiterentwicklung der völkerrechtlichen Prinzipien der Nichtintervention, der Kooperation, der Staatenverantwortlichkeit und des Vorsorgeprinzips.

Zentrale Frage der Zukunft der Internetregulierung ist wohl diese: Die internationale Gemeinschaft hat – nicht zuletzt durch ihr Bekenntnis zur Schutzverantwortung (Responsibility to Protect) – bestätigt, dass sie Staaten weltweit in die Pflicht nehmen kann, Menschenrechte zu schützen, und zu intervenieren, wenn ein Staat grobe Menschenrechtsverletzungen begeht.

Doch wie halten es das Völkerrecht und die internationale Gemeinschaft mit dem Internet? Es ist festzustellen, dass Verletzungen der internetbezogenen Rechte noch keinen Interventionstitel bilden; etwas anderes könnte allerdings der Verstoß gegen die Stabilität und Funktionalität des Internet als solches sein, wenn dies einer Gefährdung der internationalen Sicherheit gleichkommt. Auch hier ist eine Kristallisierung notwendig.

Im Prozess der Bemessung und des Austarierens geeigneter Perspektiven auf die normative Weiterentwicklung des Völkerrechts kann dieser Beitrag wichtige Anregungen liefern. Ein abschließendes Wort der Warnung ist dennoch am Platze: Im Vorlauf der Verhandlungen um die Novelle der Internationalen Telekommunikations-Regularien der Internationalen Telekommunikations-Union in Doha im Dezember 2012 haben souveränitätsorientierte Staaten den Versuch unternommen, Legislativbefugnisse von Staaten im Hinblick auf technische Grundlagen des Internet unter dem Deckmantel der „Internationalisierung“ zu stärken. Hier ist Vorsicht geboten: Die sich abzeichnende Einsicht, dass der Schutz des Internet im globalen Interesse steht, muss fixer Leitstern der Internetvölkerrechtspolitik der nächsten Jahre sein. Das Internet hat ein enormes Potenzial für die fortschreitende Soziogenese unseres globalen Gemeinwesens; es verdient daher den Schutz des Völkerrechts.

Der Beitritt der Europäischen Union zur Europäischen Menschenrechtskonvention: das Ende einer langen Reise und die Folgen

Hans-Peter Folz[*]

I. Ein langer Weg

Der Beitritt der EU zur Europäischen Konvention für Menschenrechte ist bereits seit den 1970er Jahren diskutiert worden[1]. Die Debatte hatte jedoch immer eine vorwiegend theoretische Dimension. Zwar bestand in der Wissenschaft Einigkeit über den Nutzen eines Beitritts. Eine unabhängige Kontrolle des Grundrechtsschutzes innerhalb der Europäischen Gemeinschaften durch den Straßburger Gerichtshof am Maßstab der EMRK hätte wesentlich zur Stärkung der Rechtsstaatlichkeit des Integrationsprozesses beigetragen und damit dessen Legitimation gestärkt[2]. In der Praxis fehlten jedoch auf Seiten der EMRK und des

* Univ.-Prof. Dr. Hans-Peter Folz, Seoul National University School of Law, seit 2012 Institut für Europarecht, Karl-Franzens-Universität Graz.

1 *Lock, Tobias*, Walking on a Tightrope. The Draft ECHR Accession Agreement and the Autonomy of the EU Legal Order, 48 Common Market Law Review (2011) 1025 (1026); *Streinz, Rudolf/Michl, Walther*, in: *Streinz, Rudolf* (Hrsg.), EUV/AEUV, 2. Aufl., München 2012, Art. 6 EUV, Rn. 7-8.

2 *Grewe, Constance*, Beitritt der EU zur EMRK und ZP 14. Wirksame Durchsetzung einer gesamteuropäischen Grundrechteverfassung?, 3 EuR (2012) 285 (288); *Obwexer, Walter*,

Europarates die rechtlichen Grundlagen für einen Beitritt. Im Jahre 1996 stellte der EuGH im Übrigen in seinem Gutachten 2/94[3] klar, dass auch auf Seiten der EGen eine Rechtsgrundlage für den Beitritt fehlte und nur im Wege einer Vertragsänderung geschaffen werden konnte[4].

Der Beitritt blieb jedoch auf der Agenda der EU. Bereits im Verfassungsvertrag war eine Rechtsgrundlage für den Beitritt vorgesehen.[5] Nach Inkrafttreten des Vertrages von Lissabon zum 1. Dezember 2009 und zuletzt des XIV. Zusatzprotokolls zum EMRK am 1.6.2010 waren letztendlich auf beiden Seiten die Voraussetzungen für einen Beitritt der EU zur EMRK gegeben.[6] Auch der politische Wille für einen baldigen Beitritt war erkennbar.[7] Die Aufnahme von Verhandlungen zwischen EU und Europarat erfolgte bereits im Juli 2010[8].

Die Parteien wählten dabei eine interessante und pragmatische Vorgehensweise: Auf Seiten der EU wurden die Verhandlungen von der Kommission geführt[9], was der allgemeinen Zuständigkeitsverteilung bei der Aushandlung von völkerrechtlichen Abkommen der EU gem. Art. 207 AEUV entspricht. Auf Seiten des Europarates ist der Verhandlungsprozess für einen Beitritt der EU jedoch nicht von der EMRK ausdrücklich normiert. Grundsätzlich müssten alle Vertragsstaaten der EMRK an den Verhandlungen beteiligt werden. Da eine Verhandlungsführung von 47 Vertragsstaaten als wenig praktikabel erscheint, wurde eine informelle Arbeitsgruppe von 14 Mitgliedern vom Lenkungsausschuss für Menschenrechte ermächtigt, für die übrigen Mitglieder die Verhandlungen zu führen. Die Arbeitsgruppe setzt sich aus 7 EU-Mitgliedstaaten und 7 Nicht-EU-Mitgliedstaaten zusammen. Die Mitglieder der Arbeitsgruppe wurden nicht

---

Der Beitritt der EU zur EMRK. Rechtsgrundlagen, Rechtsfragen und Rechtsfolgen, 2 EuR (2012) 115, mit weiteren Nachweisen.

3 EuGH, Gutachten 2/94 (EMRK), Slg. 1996, I-1759, Rn. 36.

4 *Bieber, Roland/Epiney, Astrid/Haag, Marcel*, Die Europäische Union, 10. Aufl. 2013, 60, Rn. 20.

5 *Streinz, Rudolf/Michl, Walther*, in: *Streinz, Rudolf* (Hrsg.), EUV/AEUV, 2. Aufl., München 2012, Art. 6 EUV, Rn. 13-14.

6 *Meyer-Ladewig, Jens*, EMRK, 3. Aufl., Baden-Baden. 2011, Art. 59 EMRK, Rn. 2.

7 *Wolffgang*, in: *Lenz, Carl-Otto/Borchardt, Klaus-Dieter* (Hrsg.), EU-Verträge, 6. Aufl. 2012, Art. 6 EUV, Rn. 9.

8 *Gragl, Paul*, Accession Revisited. Will Fundamental Rights Protection Trump the European Union's Legal Autonomy?, European Yearbook on Human Rights [2011] 159 (159).

9 Rat der EU, Dok. 7668/10 v. 25.2.2011, http://www.parlament.gv.at/PAKT/EU/XXIV/EU/04/66/EU_46684/index.shtml (zuletzt abgerufen am 6.8.2013).

als Regierungsvertreter benannt sondern als unabhängige Experten[10]. Bereits ein knappes Jahr später, im Juli 2011, konnten die Verhandlungsführer einen Textentwurf[11] vorweisen. Dieser wurde im Oktober 2011 den Hohen Vertragsparteien der EMRK und der EU vorgelegt. Einige EU-Mitgliedstaaten hatten bei einer Tagung des AStV zu erkennen gegeben, dass sie sich mit dem vorliegenden Textentwurf nicht anfreunden konnten[12]. Damit war der Verhandlungsprozess vorläufig zum Stillstand gekommen. Eine Wiederaufnahme sollte erst erfolgen, wenn die EU-Seite und damit die Mitgliedstaaten zu einer Einigung gelangen sollten.

Danach finden sich in den Weiten des Internets lediglich vereinzelte Anfragen von EP-Abgeordneten an den Ministerrat in denen eine Wiederaufnahme gefordert wird.[13] Zwar finden sich in jüngster Zeit neuere Dokumente, die auf Fortschritte schließen lassen.[14] Ein formeller Abschluss der Verhandlungen ist dennoch derzeit nicht abzusehen.

Lediglich eine weitere Station auf dem langen Weg ist heute bereits erkennbar: Aus den veröffentlichten Unterlagen geht hervor, dass von Seiten der EU ein Gutachten des EuGH gem. Art. 218 Abs. 11 AEUV zur Vereinbarkeit des Beitrittsübereinkommens mit den EU-Verträgen eingeholt werden soll[15]. Wie zu zeigen sein wird, kann dieses Gutachten des EuGH Aufschluss über eine ganze

---

10 CDDH (2010)008 v. 3.6.2010, Ad hoc terms of reference concerning accession of the EU to the Convention given to the CDDH by the Ministers' Deputies during their 1085th meeting (26 May 2010), abrufbar unter: http://www.coe.int/t/dghl/ standardsetting/hrpolicy/accession/Working_documents/ToR_CDDH-UE_en.pdf (zuletzt eingesehen am 19.3.2013).

11 CDDH-UE (2011)16 v. 19.7.2011, Draft legal instruments on the accession of the European Union to the European Convention on Human Rights.

12 Rat der EU, Dok. Nr. 18117/11 v. 6.12.2011, http://www.parlament.gv.at/PAKT/EU/XXIV/EU/06/67/EU_66701/index.shtml#1_66453 (zuletzt abgerufen am 6.8.2013).

13 Parlamentarische Anfrage vom 27.3.2012, abrufbar unter: http://www.europarl. europa.eu/sides/getDoc.do?pubRef=-%2f%2fEP%2f%2fTEXT%2bOQ%2bO-2012-000084%2b0%2bDOC%2bXML%2bV0%2f%2fDE&language=DE (zuletzt eingesehen am 19.3.2013).

14 47+1 (2013)005 v. 18.2.2013, Fifth Negotiation Meeting between the CDDH Ad Hoc Negotiation Group and the European Commission on the Accession of the European Union to the European Convention on Human Rights, Participation of the EU in the Committee of Ministers when the latter takes decisions other than those expressly provided in the Convention: implications of the various options under discussion, abrufbar unter: http://www.coe.int/t/dghl/standardsetting/hrpolicy/Accession/Working_documents/47_1(2013)005_EN.pdf (zuletzt eingesehen am 19.3.2013).

15 *Lock* (Fn. 1), 1028.

Reihe von Grundfragen des Unionsrechts geben, die mit dem Beitritt verbunden sind.

II. Inhalt des Beitrittsübereinkommens

Rechtstechnisch gesehen wird der Beitritt der EU zur EMRK durch einen völkerrechtlichen Vertrag zwischen der EU auf der einen Seite und allen 47 Vertragsstaaten der EMRK auf der anderen Seite verwirklicht. Der Entwurf der Übereinkunft sieht den Beitritt der EU zur EMRK und zwei Zusatzprotokollen, dem ersten und sechsten ZP (Verbot der Todesstrafe in Friedenszeiten) vor. Auf Seiten der EU handelt es sich nicht um ein gemischtes Abkommen, lediglich die EU tritt der EMRK bei[16].

Dementsprechend sieht Art. 1 Nr. 2 lit. c) BÜ eine Bindung und Verantwortlichkeit der EU ausschließlich für das Verhalten ihrer Organe, Einrichtungen und sonstiger Stellen vor[17]. Der BÜ-Entwurf sieht eine Möglichkeit für die EU vor, spätestens bei der Ratifikation Vorbehalte anzubringen, die der Vorbehaltsklausel Art. 57 EMRK nachgebildet ist[18]. Vorbehalte müssen sich auf Bestimmungen des EU-Rechts beziehen, die mit der EMRK unvereinbar sind. Diese müssen benannt werden; Vorbehalte allgemeiner Art sind unzulässig.

Der BÜ-Entwurf sieht im Übrigen einen Ausschluss von Staatenbeschwerden zwischen Mitgliedstaaten der EU vor. Im Übrigen werden Staatenbeschwerden allgemein umbenannt in Rechtssachen zwischen den Vertragsparteien.[19]

Die Mitwirkung der EU in den Vertragsorganen der EMRK wird geregelt, ein EU-Richter vorgesehen. Seine Wahl wird geregelt ebenso wie die Mitwir-

---

16 So auch *Obwexer, Walter*, Der Beitritt der EU zur EMRK. Rechtsgrundlagen, Rechtsfragen und Rechtsfolgen, 2 EuR (2012) 115 (145).

17 CDDH-UE (2011)16 v. 19.7.2011; inoffizielle deutsche Übersetzung in Bundesrat, Drucksache 563/11, Art. 1 Abs. 2 lit. c: Durch den Beitritt zur Konvention und zu den Protokollen dazu erwachsen der Europäischen Union Verpflichtungen allein im Hinblick auf Handlungen, Maßnahmen oder Unterlassungen ihrer Institutionen, Organe, Einrichtungen oder Stellen oder von Personen, die in deren Namen handeln. Die Europäische Union darf durch keine der Bestimmungen der Konvention oder der Protokolle dazu verpflichtet werden, Handlungen vorzunehmen oder Maßnahmen zu treffen, für die sie nach dem Recht der Europäischen Union nicht zuständig wäre.

18 CDDH-UE (2011)16fin, Art. 2 Abs. 1: Die Europäische Union kann bei der Unterzeichnung oder Erklärung ihrer Zustimmung, nach Artikel 10 durch die Bestimmungen dieses Vertrags gebunden zu sein, nach Artikel 57 der Konvention Vorbehalte zur Konvention und zu ihrem Zusatzprotokoll anbringen.

19 *Obwexer* (Fn. 16), 136 ff.

kung der EU im Ministerkomittee des Europarates. Die EU beteiligt sich an der Finanzierung des EGMR[20].

In Art. 59 Abs. 2 lit. d) EMRK nF wird eine Auslegungsklausel für staatenbezogene Begriffe eingefügt, wonach diese entsprechend für die EU gelten.

III. Die verfahrensrechtlichen Mechanismen in Artikel 3

Als bedeutendste Innovation des BÜ-Entwurfes können die verfahrensrechtlichen Mechanismen in Artikel 3 BÜ gelten.

1. Das Verfahren des Mitbeschwerdegegners

In der Bezeichnung der neuartigen Verfahren ist noch keine einheitliche Terminologie erkennbar. In der englischen Sprachfassung findet sich der Begriff des corespondent mechanism, was in der deutschen Übersetzung als – weiterer Beschwerdegegner – wiedergegeben wird[21]. In der Literatur findet sich überwiegend die Bezeichnung als Mechanismus des Mitbeschwerdegegners.[22]

Rechtstechnisch handelt es sich um die Einfügung eines neuen Abs. 4 in Art. 36 EMRK, der seinerseits auf die BÜ verweist. Aus Sicht der EMRK eröffnet der Mechanismus des Mitbeschwerdegegners die Möglichkeit, entweder für die EU oder für die Mitgliedstaaten Partei in einem Verfahren zu werden, das sich gegen den jeweils anderen Beschwerdegegner richtet. In einem Verfahren gegen die EU können einzelne oder alle Mitgliedstaaten Mitbeschwerdegegner werden. In einem Verfahren gegen einzelne oder alle Mitgliedstaaten kann die EU Mitbeschwerdegegner werden.[23]

---

20 CDDH-UE (2011)16fin, Art. 8.

21 CDDH-UE (2011)16fin, Art. 3 – Mechanismus des weiteren Beschwerdegegners – 1. Artikel 36 der Konvention erhält folgende Fassung: ... b. Am Ende des Artikels 36 wird folgender Absatz angefügt: (4) Die Europäische Union oder ein Mitgliedstaat der Europäischen Union kann durch Entscheidung des Gerichtshofs unter den Umständen, die in dem Vertrag über den Beitritt der Europäischen Union zur Konvention zum Schutz der Menschenrechte und Grundfreiheiten aufgeführt sind, in einem Verfahren weiterer Beschwerdegegner werden. Der weitere Beschwerdegegner ist Partei in der Rechtssache. Die Zulässigkeit einer Beschwerde wird unabhängig von der Beteiligung eines weiteren Beschwerdegegners an dem Verfahren geprüft."

22 Vgl. etwa *Obwexer* (Fn. 16), 127.

23 CDDH-UE (2011)16fin, Entwurf eines Erläuternden Berichts zum Vertrag über den Beitritt der Europäischen Union zur Konvention zum Schutz der Menschenrechte und Grundfreiheiten, Rn. 55., Rn. 31 bzw. 36.

Hierfür gelten allerdings unterschiedliche Voraussetzungen: Art. 3 Abs. 2 BÜ betrifft die Zulassung der EU in einem Verfahren gegen Mitgliedstaaten[24]. Diese Zulassung setzt das sogenannte Bosphorus-Szenario[25] voraus: Mitgliedstaaten, die Unionsrecht vollziehen, werden im Rahmen einer Individualbeschwerde für die Verletzung von Konventionsrechten verantwortlich gemacht. Die mögliche Konventionsverletzung geht jedoch nicht auf ein eigenverantwortliches Handeln der Mitgliedstaaten zurück sondern resultiert aus einer Unvereinbarkeit der unionsrechtlichen Rechtsgrundlage mit der EMRK. Trotz dieser möglichen Konventionsverletzung sind die Mitgliedstaaten verpflichtet, das Unionsrecht zu vollziehen.[26] Wie Art. 3 Abs. 2 BÜ formuliert, könnten die Mitgliedstaaten eine Konventionsverletzung nur dadurch vermeiden, indem sie Unionsrecht missachteten. Unter diesen Voraussetzungen kann die EU als weiterer Beschwerdegegner zugelassen werden.[27]

Art. 3 Abs. 3 BÜ regelt die Zulassung der Mitgliedstaaten in einem Verfahren gegen die EU[28]. Hierbei handelt es sich um das sog. Matthews-Szenario[29].

---

24 CDDH-UE (2011)16fin, Art. 3. Abs. 2: Wird eine Beschwerde gegen einen oder mehrere Mitgliedstaaten der Europäischen Union gerichtet, kann die Union weiterer Beschwerdegegner in einem Verfahren im Zusammenhang mit einer behaupteten Verletzung, wie sie der Gerichtshof mitgeteilt hat, werden,. wenn mit dieser Behauptung die Vereinbarkeit einer Bestimmung des Rechts der Europäischen Union mit den betroffenen Konventionsrechten offensichtlich in Frage gestellt wird, insbesondere wenn diese Verletzung nur dadurch hätte vermieden werden können, dass eine sich aus dem Recht der Europäischen Union ergebende Verpflichtung missachtet wird.

25 EGMR, Große Kammer, Urt. vom. 30.6.2005 - 45036/98, Bosphorus/Irland, RJD 2005-VI, Rn. 11 ff.; zuletzt EGMR, Michaud/Frankreich, Urt. v. 06.12.2012 – 12323/11, abrufbar unter: http://hudoc.echr.coe.int/ (zuletzt eingesehen am 1.07.2013).

26 *Vondung, Julie*, Die Architektur des europäischen Grundrechtsschutzes nach dem Beitritt der EU zur EMRK, Tübingen 2012, 180.

27 CDDH-UE (2011)16fin, Entwurf eines Erläuternden Berichts, Rn. 42, vgl. auch *Lock* (Fn. 1) 1039; *Obwexer* (Fn. 16) 127; *Vondung* (Fn. 26) 180 mit weiteren Nachweisen.

28 CDDH-UE (2011)16fin, Art. 3. Abs. 3: Wird eine Beschwerde gegen die Europäische Union gerichtet, können die Mitgliedstaaten der Europäischen Union weitere Beschwerdegegner in einem Verfahren im Zusammenhang mit einer behaupteten Verletzung, die der Gerichtshof mitgeteilt hat, werden, wenn mit dieser Behauptung offensichtlich die Vereinbarkeit einer Bestimmung des Vertrags über die Europäische Union oder des Vertrags über die Arbeitsweise der Europäischen Union oder jeder anderen Bestimmung, die gemäß diesen Instrumente rechtlich gleichrangig ist, mit den betroffenen Konventionsrechten in Frage gestellt wird, insbesondere wenn diese Verletzung nur dadurch hätte vermieden werden können, dass eine sich aus diesen Instrumenten ergebende Verpflichtung missachtet wird.

29 EGMR, Große Kammer, Urteil vom 18.2.1999 – 24833/94, Matthews/Vereinigtes Königsreich, RJD 1999-I.

Die Zulassung setzt voraus, dass eine mögliche Verletzung der Konvention unmittelbar auf EU-Primärrecht zurückzuführen ist. In dieser Konstellation ist zum einen eine Abhilfe durch den EuGH nicht möglich, da die Konvention keinen Vorrang vor sonstigem Primärrecht haben kann. Zum anderen sind für hieraus resultierende Konventionsverletzungen im Innenverhältnis die Mitgliedstaaten verantwortlich. Sie haben als Herren der Verträge das Primärrecht geschaffen, welches die EMRK verletzt. Wie Art. 3 Abs. 3 BÜ formuliert könnte eine mögliche Konventionsverletzung nur vermieden werden, indem Primärrecht missachtet würde. Unter diesen Voraussetzungen können die MSen in einem Verfahren gegen die EU weitere Beschwerdegegner werden.[30]

Der verfahrensrechtliche Vorteil für den Mitbeschwerdegegner liegt darin, dass er alle Rechte einer Verfahrenspartei hat.[31] Insbesondere kann er unabhängig vom ursprünglichen Beschwerdegegner eine Verweisung an die Große Kammer gem. Art. 73 EMRK beantragen[32].

Aus Sicht der Verfahrensökonomie spricht für den Mechanismus, dass der Mitbeschwerdegegner durch ein Urteil des EGMR unmittelbar gem. Art. 46 Abs. 1 EMRK gebunden wird.[33]

Der Mechanismus des Mitbeschwerdegegners bietet für beide Konstellationen eine Möglichkeit der Verfahrensbeteiligung. Aus der Sicht der EMRK liegt es im Ermessen der jeweiligen Berechtigten Mitbeschwerdegegner zu werden. Aus der Sicht des Unionsrechts kommt uU im Einzelfall eine Pflicht aus dem Grundsatz der Unionstreue gem. Art. 4 Abs. 3 EUV in Betracht.[34] Der oder die Mitbeschwerdegegner müssen einen Antrag auf Zulassung zum Verfahren stellen. Dieser muss eigens begründet werden. Der EGMR ist zur Anhörung der Verfahrensparteien verpflichtet. Die Zulassung zum Verfahren bedarf einer eigenen Entscheidung des EGMR. Gem. Art. 3 Abs. 5 S. 3 BÜ entscheidet der EGMR nach einer überschlägigen Prüfung, ob die Voraussetzungen für die Beteiligung erfüllt sind, d.h. ob sekundäres bzw. primäres EU-Recht mit der EMRK unvereinbar sein könnte[35].

---

30 Vgl. auch *Obwexer* (Fn. 16), 127; Entwurf eines Erläuternden Berichts (Fn. 23), Rn. 43; *Vondung* (Fn. 26), 180 mit weiteren Nachweisen.

31 Vgl. dazu Entwurf eines Erläuternden Berichts (Fn. 23), Rn. 33.

32 *Ibid.* Rn. 55.

33 Vgl. auch *Obwexer* (Fn. .16), 129.

34 So auch *Obwexer* (Fn. 16); vgl. auch Entwurf eines Erläuternden Berichts (Fn. 23), Rn. 47; *Vondung* (Fn. 26), 180 ff. mit weiteren Nachweisen.

35 CDDH-UE (2011)16fin, Art. 3 Abs. 5: Eine Hohe Vertragspartei wird nur auf eigenen Antrag und aufgrund einer Entscheidung des Gerichtshofs weiterer Beschwerdegegner. Der Gerichtshof hat alle Verfahrensparteien anzuhören. Wenn der Gerichtshof über einen solchen Antrag entscheidet, prüft er, ob es im Lichte der von den betroffenen Hohen Ver-

Aus der Sicht der EU hat das Verfahren des Mitbeschwerdegegners den Vorteil, die Kompetenzverteilung innerhalb der EU nicht der Entscheidung des EGMR zu überlassen[36]. Würde der EGMR die konventionsrechtliche Verantwortlichkeit für die Verletzung eines Rechts aus der EMRK entweder der EU oder einem Mitgliedstaat zuweisen, so kann hierin indirekt eine Entscheidung über die Kompetenzverteilung gesehen werden. Eine derartige Entscheidung stellt nach der Rechtsprechung des EuGH - insbesondere in den beiden EWR-Gutachten - das Rechtsprechungsmonopol des EuGH in Frage.[37]

Dem entsprechen die Vorgaben in Art. 2 S. 1 Protokoll Nr. 8, wonach in der Beitrittsübereinkunft sichergestellt werden muss, dass der Beitritt die Zuständigkeiten der Union und die Befugnisse ihrer Organe – einschließlich des EuGH – unberührt lässt[38].

Das Verfahren des Mitbeschwerdegegners überdeckt diese Frage, indem ein stattgebendes Urteil beide Beschwerdegegner bindet.[39] Aus der Sicht des Beschwerdeführers erwächst diesem kein Nachteil, da er im Obsiegensfall ein verbindliches Urteil gegen beide Mitbeschwerdegegner erhält.[40] Dennoch bleibt die Frage offen, ob die gewählte Verfahrensgestaltung den Vorgaben des Unionsrechts entspricht[41].

Wie dargestellt, handelt es sich bei dem Verfahren des Mitbeschwerdegegners lediglich um eine Möglichkeit, nicht dagegen um eine Verpflichtung der Parteien. Zudem hängt die Beteiligung von der Entscheidung des EGMR ab[42]. Damit bleiben Fälle denkbar, in denen eine Beteiligung als Mitbeschwerdegeg-

tragsparteien vorgetragenen Argumente nachvollziehbar ist, dass die Bedingungen nach Absatz 2 oder 3 erfüllt sind; vgl. auch Entwurf eines Erläuternden Berichts (Fn. 23), Rn. 46 ff., vgl. auch *Vondung* (Fn. 26), 183 mit weiteren Nachweisen.

36 *Obwexer* (Fn. 16), 129; *Arndt, Felix/Schubert,Anja,* in: *Karpenstein, Ulrich/Mayer, Franz* (Hrsg.), EMRK, München 2012, Art. 59 EMRK, Rn. 20; vgl. auch: *Vondung* (Fn. 26), 181 mit weiteren Nachweisen.

37 *Folz, Hans-Peter*, Demokratie und Integration, Berlin/Heidelberg 1999, 319 ff.

38 Protokoll (Nr. 8) zu Artikel 6 Absatz 2 des Vertrags über die Europäische Union den Beitritt der Union zur Europäischen Konvention zum Schutz der Menschenrechte und Grundfreiheiten, Art. 2 S. 1: In der Übereinkunft nach Artikel 1 wird sichergestellt, dass der Beitritt der Union die Zuständigkeiten der Union und die Befugnisse ihrer Organe unberührt lässt; vgl. dazu *Pavlidis, Laura*, EU und EMRK. Rechtsfragen eines Beitritts, Wien/Graz 2012, 44 ff. mit weiteren Nachweisen.

39 Entwurf eines Erläuternden Berichts (Fn. 23), Rn. 54; vgl. auch *Vondung* (Fn. 26), 183.

40 Arndt/Schubert, in: *Karpenstein/Mayer*, (Fn. 36), Art. 59 EMRK, Rn. 21.

41 *Grewe* (Fn. 2), 287.

42 *Eckes, Christina*, External Representation in Context. Accession to the ECHR as the Final Step Towards Mutual Recognition, 5 CLEER Working Papers (2012) 103, (113).

ner unterbleibt[43] und das Urteil des EGMR im Widerspruch zu der Kompetenzordnung der EU stehen könnte. Das zu erwartende Gutachten des EuGH nach Art. 218 Abs. 11 AEUV zum BÜ wird hierzu Aufschluss geben.

2. Das Vorabbefassungsverfahren

Die zweite große verfahrensrechtliche Neuerung des BÜ-Entwurfes ist das Verfahren nach Art. 3 Abs. 6 BÜ, mithilfe dessen dem EuGH eine direkte Stellungnahme im Verfahren vor dem EGMR ermöglicht werden soll[44].

Auch hier hat sich noch keine einheitliche Begrifflichkeit herausgebildet. Der Begriff des Vorabbefassungsverfahren scheint geeignet, vor allem weil der Schwerpunkt der näheren Ausgestaltung dieses Verfahrens auf der Seite der EU liegt.

Die Regelung auf Seiten der EMRK lässt sich vergleichsweise knapp zusammenfassen. Eine Vorabbefassung des EuGH kommt nur in Betracht in der sogenannten Bosphorus- Konstellation, wenn die Vereinbarkeit von sekundärem Unionsrecht mit Rechten aus der EMRK in Frage steht. Zudem muss die EU im Verfahren vor dem EGMR bereits Mitbeschwerdegegnerin geworden sein[45]. Weitere Voraussetzung ist, dass der EuGH im gegenständlichen Fall noch keine Gelegenheit hatte, die Vereinbarkeit des Rechsaktes mit Konventionsrechten zu prüfen. Mit anderen Worten darf die Frage der Vereinbarkeit von Sekundärrecht mit der EMRK nicht bereits Gegenstand eines Vorabentscheidungsverfahrens nach Art. 267 AEUV gewesen sein. Sind diese Voraussetzungen erfüllt, ist dem EuGH Gelegenheit zu einer solchen Prüfung einzuräumen. Nach einer erfolgten Prüfung haben die Verfahrensbeteiligten Gelegenheit zur Stellungnahme. Es gilt ein Beschleunigungsgebot, demzufolge die EU für eine rasche Erledigung zu

43 *Jacqué, Jean-Paul*, The Accession of the European Union to the European Convention on Human Rights and Fundamental Freedoms, 48 Common Market Law Review (2011) 995 (115).

44 CDDH-UE (2011)16fin, Art. 3 Abs. 6.: Ist die Europäische Union in einem Verfahren weitere Beschwerdegegnerin und hat der Gerichtshof der Europäischen Union die Vereinbarkeit der Bestimmung des Rechts der Europäischen Union mit den betroffenen Konventionsrechten nach Absatz 2 noch nicht geprüft, ist dem Gerichtshof der Europäischen Union für eine solche Prüfung und anschließend den Parteien für die Vorlage ihrer Stellungnahmen an den Gerichtshof die notwendige Zeit zu gewähren. Die Europäische Union hat dafür Sorge zu tragen, dass diese Prüfung rasch erfolgt, so dass das Verfahren vor dem Gerichtshof nicht ungerechtfertigt verzögert wird. Dieser Absatz berührt nicht die Befugnisse des Gerichtshofs.

45 Entwurf eines Erläuternden Berichts (Fn. 23), Rn. 58.

sorgen hat. Schließlich besteht keinerlei Bindung des EGMR an das Ergebnis des EuGH.[46]

Zur Begründung der Einführung dieses Verfahrens wird angeführt, dass auf diese Weise sichergestellt werden könne, dass der EGMR nicht über eine Vereinbarkeit von Sekundärrecht mit der EMRK entscheiden müsse, ohne dass der EuGH als sachnäheres Gericht Gelegenheit hatte, diese Frage zu entscheiden[47].

Damit wird ein Defizit des Verfahrenszuges innerhalb der EU ausgeglichen[48], der bei den übrigen Konventionsstaaten nicht existiert. Angesichts des Verwerfungsmonopols des EuGH in Bezug auf sekundäres Unionsrecht nach den sog. Foto-Frost-Grundsätzen[49], kann die Vereinbarkeit von sekundärem EU-Recht mit der EMRK abschließend nur vom EuGH entschieden werden[50]. Die Parteien des Ausgangsverfahrens können jedoch eine Prüfung dieser Frage im Vorabentscheidungsverfahren nach Art. 267 nur anregen, nicht dagegen beantragen, geschweige dessen erzwingen[51].

Im Rechtsschutzsystem der EU ist es deshalb möglich, den innerstaatlichen Rechtsweg iSv Art. Art. 35 Abs. 1 EMRK zu erschöpfen, ohne dass die Frage der Vereinbarkeit mit Konventionsrechten entschieden wurde[52]. Die Befassung des EuGH nach Art. 3 Abs. 6 BÜ holt diese Prüfung nach.

---

46 Vgl. auch *Obwexer* (Fn. 16), 132 ff.; vgl. auch Entwurf eines Erläuternden Bericht (Fn. 23), Rn. 57 ff.; *Vondung* (Fn. 26), 189 mit weiteren Nachweisen; *Pavlidis* (Fn. 38), 95 mit weiteren Nachweisen.

47 Entwurf eines Erläuternden Berichts (Fn. 23), Rn. 54; vgl. auch *Schilling, Theodor*, Der Beitritt der EU zur EMRK – Verhandlungen und Modalitäten. Fast eine Polemik, 8 Humboldt Forum Recht, 83, (92); vgl. dazu auch auch *Vondung* (Fn. 26), 186 ff. mit weiteren Nachweisen.

48 Joint communication from Presidents Costa and Skouris, 2011, verfügbar unter http://www.echr.coe.int/NR/rdonlyres/02164A4C-0B63-44C3-80C7-FC594EE16297/0/2011Communication_CEDHCJUE_de.pdf (zuletzt eingesehen am 13.3.2013), Rn. 2.

49 EuGH, Rs. 314/85, Foto-Frost, Slg. 1987, 04199, Rn. 14 ff.

50 Vlg. auch *Gragl*, The Accession of the European Union to the European Convention on Human Rights. A Study on the Compatibility of the European Union's Legal Autonomy with the System of Human Rights protection under the European Convention on Human Rights, Dissertation, Graz 2012, 221.

51 *Obwexer* (Fn. 16), 132; Entwurf eines Erläuternden Berichts (Fn. 23), Rn. 57; vgl. zum Vorabentscheidungsverfahren auch auch *Vondung* (Fn. 26) 186 mit weiteren Nachweisen.

52 *Groussot et al.*, EU Accession to the European Convention on Human Rights. A Legal Assessment of the Draft Accession Agreement of the 14th October 2011, European Issues No. 218 (2011) 1 (5 ff.); *Arndt/Schubert*, in: *Karpenstein/Mayer*, (Fn. 36) Art. 59 EMRK, Rn. 17.

Aus der Sicht des Beschwerdeführers bleibt jedoch zu fragen, welche Folgen dieses Verfahren - außer einer Verzögerung der Entscheidung des EGMR - haben soll und inwiefern er davon profitieren sollte[53].

Hier wird zunächst deutlich, dass auf Seiten der EU ein erheblicher Bedarf zur näheren Ausgestaltung des Vorabbefassungsverfahrens besteht[54]. Eine derartige Befassung lässt sich im Rahmen bestehender Rechtsschutzverfahren nicht ermöglichen. Fraglich erscheint, ob eine Änderung der Satzung des Gerichtshofs nach Art. 281 AEUV ausreicht[55] oder ob vielmehr ein ordentliches Verfahren der Vertragsänderung nach Art. 48 Abs. 2 ff. EUV geboten ist. In Betracht kommt eine entsprechende Anwendung des Vorabentscheidungsverfahrens gem. Art. 267 Abs. 1 lit. b) AEUV oder eine eigenständige Ausgestaltung.[56] Aus der Sicht des Beschwerdeführers ist seine Beteiligung am Vorabbefassungsverfahren ebenso zu regeln wie die Rechtsfolgen einer Entscheidung des EuGH. Nimmt man die Rechtsprechung des EuGH zu seiner richterlichen Funktion im allgemeinen ebenso wie zum Vorlageverfahren im speziellen, muss die Entscheidung verbindlich sein und bei der Verwerfung einer Norm des Sekundärrechts erga omnes gelten.[57]

Angenommen der EuGH würde einen Rechtsakt des sekundären Unionsrechts als unvereinbar mit der EMRK verwerfen, so stellt sich die Frage, welche Wirkungen diese Entscheidung auf den Beschwerdeführer haben sollte[58]. Die Ansicht, wonach dies zu einer Verdrängung der Rechtskraft des letztinstanzlichen Urteils im Ausgangsverfahren führt, erscheint zu weitgehend und mit der Rechtsprechung des EuGH nicht vereinbar.

Aus Sicht der EMRK würde diese Lösung zudem die Frage aufwerfen, ob sich damit rückwirkend die Rechtswegerschöpfung bzw. das Rechtsschutzinteresse des Beschwerdeführers erledigen und die Individualbeschwerde unzulässig werden könnte.[59] Mit einem effektiven Individualrechtsschutz hätte dies jedenfalls nichts mehr zu tun[60].

Angenommen der EuGH würde eine Vereinbarkeit des Unionsrechts mit Konventionsrechten – ggf. in einer EMRK-konformen Auslegung – feststellen, fragt sich, worin hier die Verbindlichkeit der Entscheidung liegen könnte. Für

53 *Schilling* (Fn. 47), 93; vgl. auch *Vondung* (Fn. 26), 189 ff. mit weiteren Nachweisen.

54 So auch *Lock* (Fn. 1), 1049.

55 *Obwexer* (Fn. 16), 136.

56 Vgl. auch *Obwexer* (Fn. 16), 134.

57 Ähnlich auch *Obwexer* (Fn. 16), 135.

58 *Pavlidis* (Fn. 38), 96.

59 *Obwexer* (Fn. 16), 135; *Schilling* (Fn. 47), Rn. 39.

60 Vgl. *Vondung* (Fn. 26), 186.

die Parteien des Ausgangsverfahrens entfällt sie, da das Verfahren abgeschlossen ist. Der EGMR ist nach dem ausdrücklichen Wortlaut von Art. 3 Abs. 6 S. 3 BÜ nicht an die Entscheidung des EuGH gebunden. Er kann deshalb zu einem gegenteiligen Ergebnis kommen und der Individualbeschwerde zum Erfolg verhelfen.

Insbesondere die Ausgestaltung des Verfahrens auf Seiten der EU, seine verfahrensrechtliche Abwicklung und seine Rechtsfolgen sollten deshalb unbedingt im Rahmen des Gutachtenverfahrens vor dem EuGH thematisiert werden.

IV. Das Beitrittsverfahren auf Seiten der EU

Gem. Art. 10 BÜ können die Parteien ihre Zustimmung gebunden zu sein ausdrücken, indem sie das Übereinkommen unterzeichnen oder ratifizieren. Damit bleibt es dem jeweiligen nationalen Recht überlassen, die internen Verfahrensvoraussetzungen festzulegen.

Auf Seiten der EU stellen die internen verfahrensrechtlichen Voraussetzungen für eine Ratifikation eine erhebliche Hürde dar.[61] Der Beschluss des Rates über den Abschluss des BÜ erfordert gem. Art. 218 Abs. Abs. 8 UA 2 S. 2 AEUV:

- Einstimmigkeit im Rat;
- die Zustimmung des EP;
- die Zustimmung aller Mitgliedstaaten im Einklang mit ihren verfassungsrechtlichen Vorschriften[62].

Vor allem die letzte Voraussetzung macht rechtssystematisch keinen Sinn. Das BÜ stellt – wie eingangs erwähnt – einen völkerrechtlichen Vertrag zwischen der EU auf der einen Seite und den derzeitigen Vertragsstaaten der EMRK dar. Es erscheint gelinde gesagt unklar, warum hierfür die qualifizierte Mitwirkung der Mitgliedstaaten erforderlich sein sollte.[63] Es kommt hinzu, dass diese Ver-

61 *Folz, Hans-Peter*, in: *Vedder, Christoph /Heintschel von Heinegg, Wolff* (Hrsg.), Europäisches Unionsrecht, Baden-Baden 2012, Art. 6 EUV, Rn.5.

62 Art. 218 Abs. 8 UA 2 S. 2 AEUV: Auch über die Übereinkunft über den Beitritt der Union zur Europäischen Konvention zum Schutz der Menschenrechte und Grundfreiheiten beschließt der Rat einstimmig; der Beschluss zum Abschluss dieser Übereinkunft tritt in Kraft, nachdem die Mitgliedstaaten im Einklang mit ihren jeweiligen verfassungsrechtlichen Vorschriften zugestimmt haben.

63 *Schmalenbach, Kirsten*, in: *Calliess, Christian/Ruffert, Matthias* (Hrsg.), EUV/AEUV, München 2011, Art. 218 AEUV, Rn. 22.

fahrensregelung im Verfassungsvertrag von 2004 nicht vorgesehen war.[64] Sollte mit der Regelung eine Stärkung der nationalen Parlamente beabsichtigt gewesen sein, hätten sich die Mitgliedstaaten als „Herren der Verträge" im Vertragsänderungsverfahren sehr ungeschickt ausgedrückt.

Im Übrigen könnte diese Regelung eine unerwartete Folge haben. Die Zustimmung der nationalen Parlamente nach ihren jeweiligen verfassungsrechtlichen Vorschriften ist ein typisches Merkmal aller Vertragsänderungsverfahren, sowohl des ordentlichen Vertragsänderungsverfahrens gem. Art. 48 Abs. 2-5 EUV, als auch des vereinfachten Vertragsänderungsverfahrens gem. Art. 48 Abs. 6-7 EUV, als auch der speziellen Vertragsänderungsverfahren, die über die Verträge verstreut sind.[65]

Sollte Art. 218 Abs. 8 UA 2 S. 2 AEUV ein spezielles vereinfachtes Vertragsänderungsverfahren darstellen, so hätte dies zur Folge, dass die BÜ den Rang primären Unionsrechts innerhalb der Rechtsordnung der EU innehätte.[66] Die EMRK hätte damit grds. den gleichen Rang wie die Charta der Grundrechte[67]. Eine derartige Gleichrangigkeit würde durchaus Sinn machen. Art. 52 Abs. 3 S. 1 der Charta sieht ohnehin vor, dass die Rechte der Charta, denen Konventionsrechte entsprechen, nach dem Inhalt der EMRK ausgelegt werden müssen.[68] Ein primärrechtlicher Rang der EMRK würde diese Vorgabe unterstützen.

Die Deutung von Art. 218 Abs. 8 UA 2 S. 2 AEUV als vereinfachtes Vertragsänderungsverfahren wirft jedoch weitere Fragen auf, für die sich eine Antwort auf der Grundlage der bisherigen Rechtsprechung des EuGH nur schwer erschließen lässt. Geht man von einem primärrechtlichen Rang der BÜ aus, so stellt sich bereits die Frage, ob der EuGH in einem Gutachtenverfahren gem. Art. 218 Abs. 11 AEUV die Vereinbarkeit der BÜ mit den Verträgen und dem

---

64 *Folz*, in: *Vedder/Heintschel von Heinegg* (Fn. 61) Art. 6 EUV, Rn. 7.; ähnlich auch *Pache, Eckhard*, Die Ausgestaltung des Grundrechtsschutzes unter besonderer Berücksichtigung des Beitritts der Union zur EMRK, Wien/New York 2011, 121 (141); vgl. auch *Obwexer* (Fn. 16), 118.

65 *Folz*, in: *Vedder/Heintschel von Heinegg* (Fn. 61) Art. 6 EUV, Rn. 8.

66 *Arndt/Schubert*, in: *Karpenstein/Mayer* (Fn. 36), Art. 59 EMRK, Rn. 8; anderer Ansicht *Jarass, Hans D.*, Charta der Grundrechte der Europäischen Union, München 2010, Einl. Rn. 45; *Calliess* (Fn. 63), 330 ff.; *Streinz/Michl*, in: *Streinz* (Fn. 1) Rn. 21 zu Art. 6 EUV, Rn. 27; *Kingreen*, in: *Calliess/Ruffert* (Fn. 63) Art. 6 EUV; *Hatje, Armin*, in: *Schwarze, Jürgen, et. al.* (Hrsg.), EU-Kommentar, 3. Aufl., Baden-Baden 2012, Art. 6 EUV, Rn.11.

67 *Uerpmann-Wittzack*, Rechtsfragen und Rechtsfolgen des Beitritts der Europäischen Union zur EMRK, EuR Beiheft (2012) 167 (173); ähnlich *Hummer, Waldemar*, in: Vedder/Heintschel von Heinegg (Fn. 61) Art. 218 AEUV, Rn.26.

68 *Jarass* (Fn. 66), Art. 52, Rn.65; *Borowsky, Martin*, in: *Meyer, Jürgen* (Hrsg.), Charta der Grundrechte der Europäischen Union, 3. Aufl., Baden-Baden 2011, Art. 52, Rn.35.

Protokoll Nr. 8 überprüfen kann. Sollte der EuGH diese Frage bejahen, so würde dies wiederum eine Hierarchisierung innerhalb des Primärrechts bedeuten[69]. Bestimmte Teile des Primärrechts hätten einen höheren Rang als andere.

Auch insofern wird das zu erwartende Gutachten Aufschluss über fundamentale Fragen des Unionsrechts geben.

V. Zusammenfassung

Wie gezeigt, geht das BÜ innovative und pragmatische Wege. Die Analyse zeigt jedoch, dass die eigentlichen juristischen Herausforderungen bei der Umsetzung auf Seiten der EU liegen. Hier wirft der Beitritt der EU zur EMRK eine Reihe von Fragen auf, die das Grundverständnis des Unionsrechts betreffen. Das Gutachten des EuGH zum BÜ wird über diese hoffentlich Aufschluss geben.

---

69 Vgl. hierzu auch *Uerpmann-Wittzack* (Fn. 67), 174: „Es handelt sich also um Primärrecht zweiter Stufe".

Völkerrecht, Europarecht und Internationales Wirtschaftsrecht

Herausgegeben von Peter Hilpold und August Reinisch

Band 1 Florian Razesberger: The International Criminal Court. The Principle of Complementarity. 2006.

Band 2 Christian Wimpissinger: Steuerliche Verlustverrechnung nach EG-Recht. 2006.

Band 3 Christina Knahr: Participation of Non-State Actors in the Dispute Settlement System of the WTO: Benefit or Burden? 2007.

Band 4 Daniela Kröll: Toward Multilateral Competition Law? After Cancún: Reevaluating the Case for Additional International Competition Rules Under Special Consideration of the WTO Agreement. 2007.

Band 5 Georg Nolte / Peter Hilpold (Hrsg.): Auslandsinvestitionen – Entwicklung großer Kodifikationen – Fragmentierung des Völkerrechts – Status des Kosovo. Beiträge zum 31. Österreichischen Völkerrechtstag 2006 in München. 2008.

Band 6 Irmgard Marboe: Die Berechnung von Entschädigung und Schadenersatz in der internationalen Rechtsprechung. 2009.

Band 7 Peter Neumann: United Nations Procurement Regime. Description and Evaluation of the Legal Framework in the Light of International Standards and of Findings of an Inquiry into Procurement for the Iraq Oil-for-Food Programme. 2008.

Band 8 Kirsten Schmalenbach / Wolfgang Benedek (Hrsg.): Von Terrorismusbekämpfung bis Klimaschutz. Beiträge zum 32. Österreichischen Völkerrechtstag 2007 in Altaussee. 2008.

Band 9 Stephan Wittich / August Reinisch / Andrea Gattini (Hrsg.): Kosovo – Staatsschulden – Notstand – EU-Reformvertrag – Humanitätsrecht. Beiträge zum 33. Österreichischen Völkerrechtstag 2008 in Conegliano. 2009.

Band 10 Peter Hilpold (Hrsg.): Das Selbstbestimmungsrecht der Völker. Vom umstrittenen Prinzip zum vieldeutigen Recht? 2009.

Band 11 Peter Hilpold / Christoph Perathoner (Hrsg.): Immigration und Integration. Völkerrechtliche und europarechtliche Antworten auf eine zentrale Herausforderung der Zeit. 2010.

Band 12 Claudia Alfons: Recognition and Enforcement of Annulled Foreign Arbitral Awards. An Analysis of the Legal Framework and its Interpretation in Case Law and Literature. 2010.

Band 13 Peter Hilpold / Walter Steinmair / Christoph Perathoner (Hrsg.): Rechtsvergleichung an der Sprachgrenze. 2011.

Band 14 Werner Schroeder / Jelka Mayr-Singer (Hrsg.): Völkerstrafrecht, Rechtsschutz und Rule of Law. Das Individuum als Herausforderung für das Völkerrecht. Beiträge zum 34. Österreichischen Völkerrechtstag 2009 in Tramin/Südtirol. 2011.

Band 15 Werner Petritz: Vor dem Aus? Der Vertrag über die Nichtweiterverbreitung von Kernwaffen. Funktion und Relevanz anhand zweier Beispiele. 2012.

Band 16 Kirsten Schmalenbach (Hrsg.): Aktuelle Herausforderungen des Völkerrechts. Beiträge zum 36. Österreichischen Völkerrechtstag 2011. Unter Mitarbeit von Lando Kirchmair. 2012.

Band 17 Ruth Steger: Staatenimmunität und Kriegsverbrechen. Das IGH-Urteil im Verfahren Deutschland gegen Italien vom 03.02.2012. 2013.

Band 18 Christoph Vedder (Hrsg.): Völkerrecht 2012. Richterliche Praxis und politische Realität. Beiträge zum 37. Österreichischen Völkerrechtstag 2012. Unter Mitarbeit von Manuel Indlekofer. 2013.

www.peterlang.de

Kolibri 360 GmbH
Ferdinand-Jühlke-Straße 7
99095 Erfurt, Deutschland
produktsicherheit@kolibri360.de